理论+工具+方法，打造三位一体的成本管理方案

班组长
成本管理
工作手册

文义明 编著

（第二版）

优秀企业看中层，卓越企业看基层
培养金牌班组长，助力企业从优秀走向卓越

BANZUZHANG CHENGBEN GUANLI GONGZUO SHOUCE

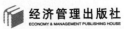

经济管理出版社
ECONOMY & MANAGEMENT PUBLISHING HOUSE

图书在版编目（CIP）数据

班组长成本管理工作手册/文义明编著. —2版. —北京：经济管理出版社，2018.9
ISBN 978-7-5096-5959-5

Ⅰ. ①班… Ⅱ. ①文… Ⅲ. ①班组管理—成本管理—手册 Ⅳ.①F406.6-62

中国版本图书馆CIP数据核字(2018)第200790号

组稿编辑：张永美
责任编辑：张永美
责任印制：黄章平
责任校对：超　凡

出版发行：经济管理出版社
（北京市海淀区北蜂窝8号中雅大厦A座11层 100038）
网　　　址：www.E-mp.com.cn
电　　　话：(010)51915602
印　　　刷：三河市延风印装有限公司
经　　　销：新华书店
开　　　本：720mm×1000mm/16
印　　　张：13
字　　　数：193千字
版　　　次：2018年11月第2版　2018年11月第1次印刷
书　　　号：ISBN 978-7-5096-5959-5
定　　　价：39.00元

前　言

在市场竞争日益激烈的今天，产品之间的竞争越来越白热化，很多企业在降低产品价格的同时，不断寻找既保证产品质量，又可以降低产品成本的方法，因为只有通过降低成本才能使企业打好价格竞争这一战。

开源节流、获取利润等控制成本的方法早已成为企业的基本生存法则。为此，企业开始不断地削减成本，虽然成本降低了，但产品的质量不能随之降低，因为这是企业生存的大事。

针对这样的现实情况，班组的任务任重而道远。因为想要用小成本获取高质量产品，需要企业对成本进行控制和管理，而对于成本控制或管理的源头存在于班组的生产过程中。班组长作为生产线上的基层领头人物，必须清楚自己及团队与企业产品成本之间的关系，带领本班组积极落实企业各项控制产品成本的规章制度，不断提高本班组成员的节约意识，将"节约一分钱，等于生产一分钱"的观念落实到每一位班组成员的工作中。

一位尽职尽责的班组长，能够带领班组员工做好生产现场的成本控制工作，减少企业产品成本问题的发生。同时要求班组长既要有优秀的成本管理能力，又要有很强的责任意识，更要有对产品成本管理绝不松懈的态度。所以，班组长必须学会一套系统、科学、灵活有效的成本管理方法。

为充分发挥班组长基层负责人的作用，解决班组实际工作中遇到的现实问题，使班组在生产过程中抓好成本管理问题，我们探究了班组长成本管理的特点，同时结合企业成本管理的实际状况，组织编写了《班组长成本管理工作手册》。

"行船靠掌舵，理家靠节约"，企业管理的重要内容之一是对成本的管理。本书从班组对成本控制和管理的实际工作内容出发，详细阐述了计划成本控制、物料成本控制、采购成本控制、质量成本控制、设备成本控制、改进成本控制和成本管理误区，同时对企业第一线的基层领导面临的所有有关成本管理的问题进行深入浅出的分析和讲述，让广大企业中的班组长们十分明确自己在企业中该如何进行成本管理。

为了适应读者的需求，本书更趋向于简单化，提取班组成本管理知识的要点，将管理理论和工作方法结合起来，能够使班组长抓住班组生产现场成本管理的重点，提高班组长成本管理的工作效率和工作质量，实用性非常强。通过本书，班组长可以有效解决成本管理中出现的任何问题，让班组长在成本管理中更加得心应手。

目　录

第一章　控成本关键在班组：班组成本管理管什么 …………… 1

　第一节　成本管理的内容和实质 ……………………………… 1

　　成本 …………………………………………………………… 1

　　成本和利润的关系 ………………………………………… 2

　　成本管理 …………………………………………………… 3

　　成本管理的主要任务 ……………………………………… 5

　　成本管理的工作原则 ……………………………………… 5

　　加强成本管理的重要意义 ………………………………… 7

　第二节　班组生产成本管理的内容和步骤 ………………… 9

　　班组成本与费用 …………………………………………… 9

　　班组成本构成分析 ………………………………………… 10

　　班组成本管理体系 ………………………………………… 12

　　成本控制的着手点 ………………………………………… 13

　　成本控制具体步骤 ………………………………………… 15

　　成本控制常用方法 ………………………………………… 16

第二章　成本计划管理：有效安排作业，用计划控成本 ……… 19

　第一节　班组成本计划管理的内容 ………………………… 19

　　成本控制观念 ……………………………………………… 19

　　生产成本核算 ……………………………………………… 20

生产成本控制 …………………………………………… 25

成本计划管理工作内容 ………………………………… 27

第二节　完善班组成本管理计划 ……………………………… 29

班组如何编制成本计划 ………………………………… 29

计划生产型企业怎样编制生产计划 …………………… 30

订单生产型企业怎样编制生产计划 …………………… 33

班组如何合理计划生产需求 …………………………… 36

班组如何做好生产成本准备 …………………………… 36

班组怎样进行生产成本核算 …………………………… 37

班组长如何安排紧急生产任务 ………………………… 41

第三节　分解班组计划指标落实到人 ………………………… 42

班组目标成本和责任成本的确立 ……………………… 42

班组要掌控好整个流水线的生产进度 ………………… 43

做好班组各人员的分工 ………………………………… 45

第四节　班组严把生产周期不延误 …………………………… 49

控制生产进度，缩短交货期 …………………………… 49

解决"窝工"现象 ……………………………………… 52

处理计划延误的方法 …………………………………… 53

第三章　采购成本管理：抓住成本重心，降低采购成本 ……… 57

第一节　班组采购成本控制的内容 …………………………… 57

采购成本的构成 ………………………………………… 57

采购成本的预算 ………………………………………… 58

采购成本的核算 ………………………………………… 60

采购成本控制的流程、制度及方案 …………………… 61

第二节　班组物料采购成本的控制 …………………………… 64

物料采购成本控制关键点 ……………………………… 64

原材料采购成本控制方法 ……………………………… 65

辅助材料采购成本控制方法 ……………………… 67

生产废料采购成本控制方法 ……………………… 69

第三节　班组设备、仪器采购成本的控制 …………… 70

零配件采购成本控制方法 ………………………… 70

设备采购成本控制方法 …………………………… 71

劳保防护用品采购成本控制方法 ………………… 73

第四章　物料成本管理：高效利用物料，降低物料浪费 ………… 77

第一节　班组物料成本控制的内容 …………………… 77

物料成本的构成 …………………………………… 77

物料成本核算 ……………………………………… 78

物料成本控制 ……………………………………… 78

物料成本控制流程、制度及方案 ………………… 80

第二节　班组物料领取和使用成本控制 ……………… 84

领取物料过程中杜绝浪费 ………………………… 84

物料在搬运过程中谨防浪费 ……………………… 86

ABC 物料分类 …………………………………… 88

辅助材料管理 ……………………………………… 90

第三节　班组物料仓储成本控制 ……………………… 92

班组长控制物料库存 ……………………………… 92

如何处理不良物料 ………………………………… 93

班组长应知的库存成本控制方法 ………………… 94

物料仓储管理工作标准 …………………………… 95

第四节　杜绝班组物料浪费 …………………………… 96

企业常见的七种浪费 ……………………………… 96

消除物流浪费，识别真假效率 …………………… 98

消除浪费的 4M 方法 ……………………………… 100

消除生产成本浪费的八大手法 …………………… 102

第五章　设备成本管理：保障设备，降低设备损耗 ……………… 105

第一节　班组设备成本管理的内容 ………………………… 105

设备成本构成 …………………………………………… 105

设备成本核算 …………………………………………… 106

设备成本管理方式 ……………………………………… 107

设备成本控制流程 ……………………………………… 108

机械保养作业规范 ……………………………………… 108

第二节　班组设备成本管理的日常检查 ………………… 108

班组设备管理的内容及应用 …………………………… 108

设备日常巡检制度 ……………………………………… 112

班组设备的维护保养 …………………………………… 114

设备点检与巡检 ………………………………………… 117

设备运行管理 …………………………………………… 120

管理班组工具 …………………………………………… 121

第三节　班组设备成本管理之全员生产维修 …………… 123

TPM ……………………………………………………… 123

TPM 推进的原则 ………………………………………… 125

TPM 的主要手段——OEE ……………………………… 126

怎样实施 TPM 设备点检 ………………………………… 128

第四节　班组设备维修费用的控制 ……………………… 130

设备维修成本的控制方法 ……………………………… 130

降低设备维修费用的六大措施 ………………………… 131

节约能源，降低损耗 …………………………………… 134

第六章　成本质量管理：严把质量关，以精品降低成本 ……… 139

第一节　成本质量管理的内容 …………………………… 139

质量成本构成 …………………………………………… 139

质量成本预测 ……………………………………… 141

质量成本分析 ……………………………………… 141

质量成本控制流程 ………………………………… 142

质量成本控制内容 ………………………………… 142

第二节 严把检验关，防止产品缺陷造成浪费 …… 144

实施推广成本质量管理方针 ……………………… 144

生产线上控制不良品的出现 ……………………… 146

掌握质量"零缺陷"的理论 ……………………… 147

怎样在班组中推行 4M1E 管理 …………………… 150

严防管理中的"跑、冒、滴、漏" ……………… 151

第三节 开展全员 TQM 活动控制成本 …………… 152

TQM ………………………………………………… 152

TQM 的关键点 …………………………………… 154

TQM 中班组长必须了解的质量观点 …………… 156

第四节 开展全员 TQM 活动管理成本 …………… 157

TQM 现场质量成本管理如何实施 ……………… 157

TQM 中的 QC 手法 ……………………………… 161

开展 QC 小组活动 ………………………………… 171

第七章 成本改进管理：自主创新，用科学方法持续改进

成本管理 …………………………………………… 177

第一节 成本意识与习惯培养 ……………………… 177

构建班组降低成本思维 …………………………… 177

班组降低成本的途径 ……………………………… 178

改变班组日常成本管理陋习 ……………………… 180

了解成本法核算的优缺点 ………………………… 181

第二节 班组现场作业控制成本 …………………… 185

怎样改善生产效率 ………………………………… 185

班组现场生产浪费改善案例 ·················· 188

班组现场成本节约活动案例 ·················· 189

第八章　成本管理误区：班组成本管理的误区及对策 ·········· 191

第一节　成本管理以降低成本为首要目标 ·········· 191

一味降低成本，忽略了成本质量 ·········· 191

成本基础工作不到位 ·················· 192

成本管理与企业的战略相脱节 ·········· 193

第二节　成本分析草草结束 ·················· 194

导致"隐没成本"出现 ·················· 194

对决策作不出有力的支持 ·········· 195

未能进行成本全过程控制 ·········· 197

第一章 控成本关键在班组：班组成本管理管什么

第一节 成本管理的内容和实质

成本

成本在经济学上指的是无可避免的最高代价。也就是说，成本因选择而起，没有选择就没有成本。

成本是人们在生产活动中所使用的生产要素的价值总和，因此成本也被称为生产费用。人们在进行一些生产经营活动或者为了达到一定目的，从而耗费一定的资源，包括人力、物力、财力等，其耗费资源的货币表现形式及其对象被称为成本。成本属于商品经济的价值范畴，是商品价值的重要组成部分。成本概念的内涵和外延会随着商品经济的不断发展而始终处于不断的变化发展之中。

成本还具有补偿性质，是为了保证企业再生产而从销售收入中得到补偿的价值。其构成包括：

（1）有关生产产品所需物品的折旧费用，主要是通过商品生产中已耗费的劳动资料或手段的价值展现。

（2）企业生产产品所需的原材料、燃料等费用，主要表现形式为商品生产中已耗费的劳动对象的价值。

（3）企业生产过程中所产生的废品损失、停工损失等损失性支出。

（4）企业对生产者必要劳动所创造的价值应给予的报酬，即员工工资。

（5）企业为保证生产顺利进行而产生的各项保险费用。

综上所述，成本作为一种资本耗费，是发生于生产过程当中的，而且其补偿价值是产生于生产成果的分配中，属于分配领域的范畴。

成本和利润的关系

管理大师彼得·德鲁克曾说过，企业只需要做好两件事：产品营销和削减成本，剩下的就无关紧要了。从中我们不难看出，决定企业的生存和发展的根本因素是成本与利润之间的关系，它们决定着企业的生存和发展。

一、成本、销量、利润的关系

利润急剧下降，成本严重失控，是现在很多企业深受困扰的问题。先发生成本后有利润，利润是补偿成本后的收益。

1. 产品的售价对利润影响大

如果企业在市场上已经有了一定的地位，适度提高产品的售价，客户是可以接受的。

2. 成本提高必然导致利润下降

班组可以通过原材料的采购以及对供应商、库存管理成本的控制降低成本。

3. 固定成本、销量一起上升之后，利润不一定上涨

固定成本、销量一起上升，还有可能导致现金流丧失。所以销量的上升，更容易引起现金流的变化，当价格有上涨的可能时，要敢于涨价。只要可以涨价，利润和现金流就可以同步提高。当然，其中必须注意的是，涨价的前提是客户的同意。可以通过"薄利多销"的方式提高利润，但若处理不当往往会引起严重后果，因为降价不仅使利润跑得更快，而且现金流损失也更快，所以降价是一件谨慎的事情。变动成本的变化，往往来自三个力量的推动，第一个是生产效率的改善，重大生产效率的改善来自工艺的创新；第

二个是议价能力；第三个是减少浪费。

二、成本与利润的计算公式

（1）利润 = 销售收入 – 成本费用。

（2）利润百分比，即销售毛利率，是毛利占销售收入的百分比。即：

销售毛利率 = [（销售收入 – 销售成本）÷ 销售收入] × 100%

（3）销售净利率，是净利润占销售收入的百分比。即：

销售净利率 =（净利润 ÷ 销售收入）× 100%

（4）营业利润率，是营业利润占销售收入的百分比。即：

营业利润率 =（营业利润 ÷ 销售收入）× 100%

（5）报价金额 = 成本价 ×（1 + 预计利润率）

成本管理

成本管理指的是企业充分动员并组织全体员工，在保证企业产品质量的前提下，科学合理地管理企业生产经营过程中的各个环节，争取最大程度上以最少生产耗费取得最大生产成果。

在企业生产过程中，班组生产出各种工业产品（包括产成品、自制半成品、工业性劳务等）、自制材料、自制工具、自制设备以及供应非工业性劳务而发生各种耗费，这些耗费统称为生产费用。为生产一定种类和数量的产品而发生的全部生产费用称为产品成本。

对产品成本进行管理称为成本管理。成本是体现企业生产经营管理水平高低的一个综合指标。因此，班组要了解成本管理不能仅局限于生产耗费活动，应该扩展到产品设计、工艺安排、设备利用、原材料采购、人力分配等产品生产、技术、销售、储备和经营等各个领域。同时，班组长还要明确，在企业中参与成本管理的员工，不能仅仅是专职成本管理人员，应该包括各部门的生产和经营管理员工，同时还要发动广大员工踊跃参与，调动全体员工的积极性，实行全面成本管理。只有这样，才能最大限度地挖掘企业降低成本的潜力，提高企业整体成本管理水平。

成本管理是组成企业管理非常重要的部分，它要求企业的系统必须全面、科学和合理，同时它对于促进企业的增产节支，加强企业的经济核算，改进企业内部管理，提高企业整体管理水平都有着非常重要的意义。

成本管理的内容包括成本规划、成本计算、成本控制和业绩评价四个方面：

（1）成本规划指针对成本管理做出的规划，是根据企业所处的经济环境和竞争战略方针制定的，为企业具体的成本管理提供思路。

（2）成本计算指企业有关成本管理系统的信息基础。

（3）成本控制指企业在采取有关生产技术、组织和经济等手段时，必须要完美利用成本计算提供的信息，顺利实现企业降低成本、控制成本的目的。

（4）业绩评价指企业以改进成本控制活动和激励约束员工及团体为目的，对成本控制产生的效果进行评估。

因此，企业的班组长应明确有关成本管理的信息。要想做好有关生产的成本管理，提高成本管理的水平，班组长最先做的是认真开展成本预测工作，规划出一定时期内有关企业生产的成本目标和成本水平，经过对比分析之后，实现企业成本目标的各项方案，并选择最有效的成本决策实施。然后，根据成本决策的具体内容，编制成本计划，并作为成本控制的依据，帮助班组长加强日常生产中对成本的审核监督，随时发现并克服生产过程中出现的损失、浪费情况。班组长在平时工作的时候应认真组织成本核算工作，严格执行成本开支范围，采用适当的成本核算方法，建立健全成本核算制度和各项基本工作，正确计算产品成本。同时，为了正确评价各部门的成本管理业绩，促进企业不断改善成本管理措施，提高企业的成本管理水平，班组长要安排好有关成本的考核和分析工作，定期积极地开展成本分析，找出有关成本升降变动的原因，挖掘出降低生产耗费和节约成本开支的潜力。成本管理应该将企业成本指标进行分解，同时将各项成本指标层层落实，分段地进行管理和考核，使成本降低在组织上得以保证，并与企业及部门的经济责任制结合起来。

进行成本管理，有助于企业确立成本模式与竞争优势，让班组理解成本的构成，理解成本与自身工作的关系，让班组选择有利于成本控制的计算方法。通过成本分析有效控制成本，再结合企业自身情况，找到成本控制的关键点。

成本管理的主要任务

成本管理的主要任务是通过各种方法和途径尽可能地降低成本。这需要企业的班组长们在进行成本管理的时候，做到以下几点：

一、不断研究和开发出新产品

要知道，在现代企业的发展过程中，创新是降低成本的有效途径，也是企业增加收益的不竭源泉。因此，班组长在进行成本管理时，应多采用先进的设备、工艺以及材料，利用价值工程等方法，不断提高产品的功能成本比率。只有这样，才能在最大程度上降低成本，为企业赢取更高利润。

二、改进现有产品的设计

现代社会科技不断进步，这就给企业带来了很多的便利。如今先进的设备、工艺及材料都广泛应用于生产领域，企业可通过依靠技术不断创新，发挥出科技第一生产力的作用，为企业降低成本、增加效益提供途径。

可以这么说，班组长通过不断改进现有产品的设计，一方面能够生产出竞争力强且能满足社会需求的优质产品，提高了劳动生产率、资本生产率；另一方面，在很大程度上为企业节约了人力、能源及原材料消耗，从而达到了降低成本的目的。

三、改进员工的培训

班组长在不断创造新产品和改进现有产品的基础上，还要不断改进员工的培训，通过提高员工的技术水平和树立成本意识，为企业降低成本打下好的基础。

成本管理的工作原则

成本管理的工作原则是班组长在组织建立和有效实施成本管理体系的指导思想下，通过运用这些指导思想，完成企业的成本管理工作。成本管理的工作原则是企业获得成功的有力武器。因此，企业的最高管理者应确认和运用以下工作原则：

一、关注、控制成本动量和成本发生过程，系统地和全面地控制成本

在企业中，成本动量是决定和驱动成本的可变量，同时也是产品消耗资源和成本形成的本源，因此，关注和控制成本动量是企业进行成本管理的根本。

成本在生产过程中发生，关注成本发生过程就是关注成本，只有控制成本发生的过程，才能达到控制成本和降低成本的目的。

同时，为了能够让这种普遍性覆盖到企业的所有系统，企业必须系统、全面地控制成本。因为，成本管理是一个系统，企业必须运用系统的思维和方法对成本进行系统的全面控制，即全员参与和全过程控制。

二、以战略为导向，以形成模式为结果，对企业具有领导作用和提供科学决策

成本管理对于企业来说，是长期性的工作，具有全局性的特点。因此，企业必须要有长远的打算和独特的战略眼光，并且要以战略为导向，努力为企业打造出一个有差异化的、低成本的运作模式。

同时，企业的领导者们还要确立出统一的宗旨和方向，以科学决策为基础，让全体人员都充分参与。

三、在企业全员参与的基础上，进行成本保证

在企业的生产过程当中，企业内部各级人员都是企业之本，每个人在工作中都会产生成本，只有让他们都充分参与到成本管理与控制中，才能使他们的才干为企业带来低成本收益。

企业建立、实施和保持成本管理体系的时候，能够更加顺利地促使企业在成本管理与控制方面得到组织保证、制度保证、资源保证、方法保证、活动保证、能力保证，让顾客和企业管理者满意。

四、预先控制成本风险，发挥和创造优势

成本具有一定的风险性，因此，做到识别、确定、预防和控制成本风险是企业持续经营的必要条件。因此，预防不期望情况的发生，要比采取纠正和纠正措施更重要。企业在生产过程中，要做到以预防为主，在生产经营过程中应该发生多少成本、付出多大代价，这些必须事先进行策划，统筹安排，防患未然。毕竟，成本优势是降低成本的原因和条件，发挥和创造优势是成本管理的关键要素。

五、闭环管理，持续改进

企业要采用"PDCA"模式的工作原理，进行程序化管理，促使成本管理活动按预定的程序进行，以保证管理活动的有效性，实现成本管理的良性循环。通过成本管理体系的有效运行，不断地发现问题和改进问题，使成本管理和成本控制的问题越改越小、越改越少，不断追求卓越。持续改进总体业绩应是企业永恒的目标。

加强成本管理的重要意义

企业的成本管理随着企业营销环境的改变以及企业成本管理理论与方法的创新而不断发生着变化。同时，企业营销环境的变化也决定着企业成本管理理论与方法的改革。因此，在以市场经济为价格导向的竞争经济体制下，现代企业的成本管理目标早已不是短期内利润最大化，而是要获得企业发展长期竞争优势，以便于实现企业利润价值最大化。

在市场经济发展的大环境下，企业完全可以采用不同的战略方法来开发企业的竞争优势，但是无论企业选择哪一种方法，实质上都离不开成本管理。要知道，企业的成本管理是企业管理的重要组成部分，也是实现现代企业管理目标的一个必要途径。随着我国加入世贸组织的时间不断加深，国内企业直接面对众多国际化企业的机会越来越多，造成产品的竞争日益激烈。我国企业在竞争如此激烈的环境中要想获取更好的生存和发展，必须树立起现代化成本管理理念，同时加强企业的成本管理。

加强成本管理具有四大重要意义：

（1）加强成本管理能够让企业更快速地适应社会主义市场经济。简单地讲，企业的发展一定是走向市场、参与到市场竞争中去的，这是市场经济的客观要求。因此，在社会主义制度下，企业为了能够更好地适应社会化大生产和市场经济的需要，必须是从事于生产和流通的基本组织。也就是说，企业要从商品经济形式下的市场经济中建立起与社会主义市场经济体制相适应的成本管理制度，而且企业经济机制也应该逐步转轨，与发展社会主义市场经济的需要相配套。只有这样，才能保证企业在适应国情的情况下快速发展起来。

（2）加强成本管理能够让企业轻松转换经营机制，使企业能够成为独立的经营主体，并且同时具有对宏观管理的自觉接受能力，扩大再生产的自我协调能力，对市场的自我适应能力，以及对分配的自我约束能力。要获取这些能力，企业必须依靠自身实力投身于市场之中，通过不断参与市场竞争不断求得生存和发展。因为中国是社会主义国家，作为这种国情之下的企业，就必须纳入到社会主义市场经济体制之下，通过不断地深化改革，转换企业的经营机制，从而顺利成为自主经营、自负盈亏、自我发展、自我约束的法人实体和市场竞争的主体。

（3）加强成本管理，能够降低产品成本，这是很多企业能够增强市场竞争力的非常重要的条件。要知道，在市场经济体制下，企业所生产出的产品价格取决于市场成本的高低。也就是说，市场成本的高低决定了企业效益的好坏。伴随着中国加入世贸组织，国家财税政策已经逐步进行了调整，贸易保护政策将逐步淡化或被取消，国内市场与国际市场正在顺利接轨。因此，市场竞争会越来越激烈，而国内外市场竞争的焦点取决于产品人工费、质量和运费等。要在这种激烈竞争中获得成功，企业必须千方百计地做到少投入、多产出，改善成本管理。只有这样，才能提高企业竞争力的内在要求，满足现实选择，也只有这样，才能保证企业进一步的发展。

（4）加强成本管理能够让企业在市场竞争中站稳脚跟。要知道，人工成本是企业成本的重要组成部分，它对企业总成本的影响非常之大。近年来，企业通过优化劳动组织和合理设置机构，以及精减人员、采用新技术、新工艺、新装备等一系列措施加强企业对人工成本的控制和管理。在一定程度上表明，只有通过加强企业的成本管理，提高人工成本的管理手段，才能快速提高企业员工的劳动生产率、技术水平和工作素质，也只有做到了这些，才能够保证企业在市场经济的浪潮中始终立于不败之地。

第二节 班组生产成本管理的内容和步骤

班组成本与费用

班组在进行生产成本管理的过程中，首先要了解班组的成本与费用。

众所周知，成本管理是企业管理战略中非常重要的组成部分，企业要想赢得成本节约这场战争就必须要赢得竞争的先机。也就是要让广大企业和班组员工认识到，在产品的生产过程中节约成本的重要性，而成本管理则要求企业的班组长们能够区分出班组成本与费用。

一、班组成本

班组成本指企业在班组中对于即将要投入生产的产品所直接发生的材料、工资与其他费用的支出，它是计算车间成本的基础。因而，为了能够激发出员工的潜力，厉行节约，杜绝浪费，降低生产成本，企业必须加强班组成本的核算与管理。

1. 成本的构成

企业要想制定出合理的班组成本控制措施，从而顺利降低或控制生产成本，必须了解班组成本的构成。班组成本与班组所发生的其他费用的最主要区别在于两者会计处理方式的不同——成本不记入企业的当期费用中，而直接记入产品成本中。因此，班组成本主要包含直接材料成本、直接人工成本、制造费用三大部分。

（1）直接材料成本包括原材料成本、燃料动力成本、外购半成品成本、修理用备件成本、包装物料成本以及辅助材料等其他直接材料成本。

（2）直接人工成本包括班组人员的工资、班组人员的社会保险和班组人员的福利费。

（3）制造费用包括生产管理人员的工资、福利费和生产设备的折旧、修理费，以及生产系统办公费、通信费，当然还包括水电费、取暖费、劳动保护费、劳务费、外部加工费、机物料消耗和实验检验费等。

2. 成本的特征

为了加强班组成本管理，在了解成本构成的同时，企业还必须了解成本的特征。成本的主要特征包括三点：成本是可对象化的费用、成本是资源转化的量度，以及成本不会带来所有者权益的减少。

二、班组费用

班组费用指班组在企业日常运营活动及生产活动中发生的，会导致企业所有者权益减少的，并且与向所有者分配利润无关的经济利益的总流出。

1. 班组费用的构成

从费用发生的原因来说，班组费用由六大部分构成：采购成本费用、质量管理成本费用、设备管理费用、库存成本费用、日常管理费用，以及人事管理费用。

2. 费用的特征

费用的主要特征包含三点：费用最终会导致企业资源的减少、费用最终会减少企业的所有者权益，以及费用可能表现为资产的减少，或负债的增加，或者两者兼有。

班组成本构成分析

班组成本指企业中生产班组为生产产品、提供劳务而发生的各项生产费用的总称，主要包括生产过程中实际消耗的直接材料成本、直接人工成本、制造费用和其他直接费用。

一、直接材料成本

直接材料成本指班组在生产产品过程中所消耗的、直接用于产品生产并构成产品实体的原料及主要原材料（指班组为生产产品而耗用的从外部购入的原料及主要材料）、燃料（指班组为生产产品而耗用的从外部购入的燃料，包括汽油、煤、柴油等）和动力（指班组为生产产品而耗用的从外部购入的动力，如热力、电力和蒸汽等）、包装物（只用于包装本班组产品的各种包装容器，如桶、箱、瓶、坛、筐、袋等）、外购半成品（指班组为生产产品而耗用的从外部购入的各种半成品）、修理用备件（指班组为生产产品而耗用的有关配品和配件）和其他直接材料（指班组为生产产品而耗用的辅助材料及其他直接材料）。

二、直接人工成本

直接人工成本指班组在生产产品的过程中，对直接从事产品生产的员工工资、奖金、津贴和补贴，以及福利费的总称。

三、制造费用

制造费用指企业在生产车间、生产班组为生产产品和提供劳务而发生的各项间接费用的统称，包括生产管理人员薪酬（指生产车间管理人员的工资、奖金、津贴）、管理人员福利费（指企业为生产车间管理人员提供的福利费）、折旧费（指生产车间根据应计提折旧的固定资产原值和规定折旧率计提的资产折旧费，包括生产车间的厂房、建筑物、管理用房屋和设备的折旧费）、修理费（指生产车间为修理房屋、固定资产和低值易耗品等资产所支付的费用）、经营租赁费（指生产车间租用办公用房、生产用房、机械设备、低值易耗品等所支付的租赁费用和土地租赁费用）、保险费（指生产车间当年支付的房屋、设备等财产的保险费）、取暖费（指生产车间当年支付的取暖费）、运输费（指生产车间在生产或销售产品过程中进行运输活动所支付的、不能进入原材料成本的运输费）、劳动保护费（指生产车间为员工配备的工作服、手套、安全保护用品、防暑降温用品等所发生的支出和高温、高空、有害工作的保健津贴、洗理费等）、低值易耗品摊销（指生产车间所使用的低值易耗品的摊销费，包括家具备用品、计量工具、小型工具等费用）、水电费（指生产车间支付的用于外购的水费和电费）、机物料消耗（指生产车间实际发生的机物料消耗）、办公费（指生产车间发生的各项办公经费支出）、劳务费（指生产车间支付给临时生产人员的，且未包括在直接人工成本中的劳务费用）、通信费（指生产车间用于通信方面的费用，如固定电话、移动电话、网络等费用）、其他制造费用（指企业在报告期发生的除上述制造费用以外的所有制造费用）。

四、其他直接费用

其他直接费用指班组在产品生产过程中发生的除直接材料成本和直接人工成本以外的，与产品有着直接关系的费用的总称。

班组成本管理体系

班组想要构建成本管理体系，应当从班组的生产管理系统、成本管理制度、成本控制方法以及成本核算方法等方面入手，只有这样，才能保证班组构建出完善的成本管理体系。

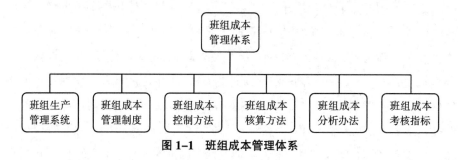

图 1-1　班组成本管理体系

（1）班组生产管理系统：班组是管理控制的主体，操作单元是管理控制的客体，生产运行质量、产品加工质量、操作成本是管理控制的对象。提高生产工艺技术是班组生产管理系统的技术基础，并且班组生产过程中成本费用的动态控制工程是基本因素相互作用的过程。

（2）班组成本管理制度针对的是班组成本对象、具体项目，以及原始数据的采集记录方法，主要是成本控制节点和控制方法；班组成本管理系统与管理机制，如班长、操作工及车间核算员岗位的成本管理责权和义务；班组成本考核方法和奖惩的规定。

（3）班组成本控制方法包括成本控制节点分析表格式的设计和操作单元的控制与分析方法。

（4）班组成本核算方法包括班组成本核算的程序、班组成本统计账簿格式的设计、班组成本核算的原则以及班组成本核算的内容。

（5）班组成本分析办法包括班组成本分析程序、班组成本分析表格式的设计以及班组成本分析报告的基本格式。

（6）班组成本考核指标包括班组成本考核的指标及计算方法、班组成本控制业绩评价考核方法、班组成本考核的指标权重系统的调整，以及成本差异调查、奖励与惩罚。

成本控制的着手点

班组为了能够有效进行成本控制工作，必须能抓住重点、节约成本，取得实效，达到成本控制的目标。想要做到这些，班组成本控制一般从六个方面着手。

一、从班组创新方面着手

当班组成本降低到一定限度之后，因为成本再难有下降的空间，此时，班组只有从创新方面着手，才能更好地达到成本控制的目标。因为班组在生产过程中一般会采用各种方法控制成本，如消耗定额、限额领料、指标分解等，但这些方法并不对成本降低一直具有显著作用，而且班组成本控制的最大目标是希望成本不断降低，虽然说其总有一个限度，到了某一个限度后，成本很难再降低，但只要班组与技术人员携手，在技术上、工艺上、管理上通过创新来降低成本，就能从源头上有效控制班组的生产成本。从创新方面着手控制成本，是班组不断降低成本的根本出路。班组创新的方式包括：通过工艺创新，节省原材料用量或寻找新的、价格便宜的材料替代原有的材料；提高材料利用率、降低材料的损耗量、提高成品率或一级品率；通过工作流程和管理方式创新提高劳动生产率、设备利用率，以降低单位产品的人工成本与固定成本含量。

二、从关键点着手

班组成本控制应从关键点着手，因为只有班组抓住成本关键点，才能达到事半功倍的效果。毕竟，形成产品成本的各个环节、各个点在成本中的作用是不同的，有些环节点对成本的形成具有关键性作用，而有些环节点对成本的作用就非常小。因此，若班组所用原材料的技术含量不高，且较难开发新的技术或新材料，此时采购原材料的价格就成为成本控制的关键点。因为，原料消耗较固定但成品率波动性较大时，提高质量就是成本控制关键点。

由于企业产品性质的不同和技术实力的差异，班组成本控制的关键点也各不相同，班组应找出适合自身特点的成本控制关键点。只有从关键点着手控制成本，才能把力用到实处。

三、从成本中占比例高的方面着手

为使成本控制更能抓住重点，使投入的财力、人力、物力能得到更好的回报，班组成本控制应从成本中占比例高的方面着手，以最少的投入达到最好的效果，这样做才能让班组有效控制成本。控制成本是控制产品的全部成本，从成本生产全过程、全方位控制成本。但如果控制成本不分轻重，全方位、不加区分地都花大力气进行，往往达到的效果都不是最好的，所以应从成本中占比例最高的方面着手控制。

班组成本各部分在产品成本中所占的比例，一般直接材料成本所占比例较高，占 60%~80%；人工成本占 5%~10%；其他成本占 10%~15%。

班组成本控制主要是从占成本比例高的直接材料、人工等方面着手，只要牢牢地控制住成本占有比例较高的几个部分，班组成本控制的目标就更容易达到。

四、从激励与约束机制方面着手

成本控制从根本上说，不能仅靠班组长个人或者几个优秀员工就能做好，它需要所有与成本相关人员都参与进来。因此，班组成本控制应当建立起完善的成本控制制度，并建立与之相关的激励与约束机制，用制度、激励与约束来调动班组全体员工控制成本的主观能动性，将节约成本与班组成员的切身利益联系起来，利用奖惩办法将班组被动成本控制转换为全员的主动成本控制。

五、从可控制费用着手

我们将班组成本分为可控成本和不可控成本。所谓的不可控只是相对的，事实上，没有绝对的不可控。不可控成本在企业建立或决策实施后就已形成，在一般条件下，它较少发生变化，如果花大力气去控制这些较固定的成本则没有多大意义。可控成本可以人为进行调控，班组对这些费用进行控制，才更具有实际意义。

六、从节约意识培养方面着手

班组成本控制应从节约意识培养方面着手，就像是在生活当中，如果一个人的思想改变了，那么他的行为也会发生很大的改变。只有让班组内员工的思想意识得到提高，成本控制管理工作才能顺利进行，而班组人员才会厉行节俭，减少浪费，发扬主人翁精神，把企业当成自己的家，从而有效提高资源利用率，在生产劳动过程中养成节约的好习惯。

成本控制具体步骤

在整个成本控制的过程中，班组长负责对班组的生产成本进行控制，以使本班组各个作业环节的实际成本低于目标成本。其具体步骤分为四步：

第一步是要确定目标成本。因为目标成本是班组成本控制的标准，只有确定了目标成本，才能了解到其具体包含的方法（计划法、预算法、定额法等）。

第二步是要对班组的成本进行核算。班组在进行核算的时候，生产过程中的项目有可比产品（零部件）单位成本、主要产品（零部件）单位成本等，只有通过了成本核算，班组才能完全了解实际成本，为之后班组进行成本分析、改进提供翔实的数据资料。

第三步是要班组对成本差异进行详细分析。也就是说，班组要将班组实际成本与目标成本进行比较，只有通过比较发现差异，才能分析出差异产生的原因，并从中找出控制和降低成本的措施。

第四步是成本控制措施的实施。企业要求班组全体成员之间能够按要求实施成本控制或降低的措施，并且还能做好相关记录，总结经验教训。

班组只有经过这几步，才能对班组生产成本管理有非常高的认识，才能更好地掌握成本控制的方法。

成本控制常用方法

在国内社会主义市场经济的条件之下，企业要想获取更好的生存或谋求更大的发展，除了要拥有先进的技术和雄厚的资本之外，关于成本的管理也要重视起来。因为成本管理是企业管理活动中最永恒的主题，所以关于成本管理控制的最直接的结果是降低成本和增加利润，这能够在一定程度上提升企业的管理水平，增强企业的核心竞争力。

因此，企业必须要制定出有关成本控制的办法，毕竟在现代企业的管理中，成本管理控制如果不从基础工作做起，那么其所能产生的效果和成功的可能性就会大打折扣。在企业中有关成本控制的常用办法具体如下。

一、在企业中进行制度建设

在现代化市场经济中，企业想要获取长久的发展，其基本保证要做到位，包括制度和文化，也就是说制度建设是根本，文化建设是补充。毕竟，没有制度建设，就不能固化成本管理的运行模式，也不能保证企业的成本控制质量好坏。

成本管理在实际需求中，存在着两个问题：第一，制度不完善，在企业成本管理制度的内容上，制度建设更多的是从规范企业员工的角度出发的，这造成了很多时候制度建设被员工看成是命令。为了能够更好地进行成本控制，企业最正确的做法是从制度建设的运行出发，让负责项目的责任人找准自己的位置，以便于在生产中能够自由操作。第二，加强制度的执行力，企业不能总是强调管理基础差，人员限制等客观原因，要从自身出发，找出不足，一旦生产的过程中出现需要进行利益调整的内容，不能马上就收缩起来，导致制度形同虚设。要坚定制度建设，让员工们对企业产生信赖感。

二、企业要进行标准化工作要求

众所周知，标准化工作是现代企业进行管理的最基本要求，也是企业正常运行的基础，更是促使企业生产经营活动和各项管理工作能够达到合理化、规范化、高效化的前提，当然也是成本能够控制成功的基本。

因此，在成本控制的过程中，企业一定要做好以下三项标准化工作：

（1）质量标准化。企业之所以要进行成本管理，最重要的目的是保证产品的质量，因为质量是产品的灵魂，如果产品的质量都保证不了，即使企业拥有再低的成本也是在做无用功。所以，企业在进行成本控制的时候，首先要进行质量控制下的成本控制，如果质量都不能标准化，也就不用再谈成本控制了。

（2）计量标准化。计量指企业运用科学方法和手段，对企业内部生产经营活动中出现的量以及质的数值进行测定，主要是为企业生产经营，尤其是成本管理的控制提供准确数据。如果说，在成本管理控制的过程中没有统一计量标准，就会出现基础数据不准确的现象，也就无法获取准确的成本信息，那么关于成本控制也就无从谈起了。

（3）价格标准化。在成本控制的过程当中，除了要在产品质量和计量上进行标准化工作以外，企业还要在产品的价格上进行标准化工作。关于产品的价格标准化包含两个方面：一是内部价格，也就是有关企业生产产品内部结算的价格，这是企业内部各核算单位之间，各核算单位与企业之间进行模拟市场"商品"交换的价值尺度；二是外部价格，指企业购销活动中与外部企业产生供应与销售的结算价格。之所以要进行价格标准化工作，是为了保证企业对成本的控制能够得到有效保证。

三、成本控制方法

控制班组成本的工作已经完全贯穿于企业的生产过程中，并且与每个班组员工的生产和工作都有直接的关系，因此，班组必须开展全面的成本控制管理。而常用的成本控制方法主要有：提高产品产量，增加产品品种；降低原材料消耗；提高产品质量，降低废品损失；提高劳动生产率；提高设备利用率；控制非生产性支出，节约管理费；加强安全管理，减少事故损失；采用现代管理技术。

第二章 成本计划管理：有效安排 作业，用计划控成本

第一节 班组成本计划管理的内容

成本控制观念

一、成本动因不只限于产品数量

要想进行成本控制，就必须了解成本的来源、有关因素等。在大工业时期，产品品种单一，生产成本的主要花费是制造，体现在原材料成本和人工成本上，因此产品数量是成本的动因。

在市场经济快速发展的时期，现代企业产品中的科技含量不断增加，使得产品的制造成本并非只与产品生产数量直接相关，如果还按照传统方法计算产品成本，就会导致成本计算错误，给企业带来损失。一家企业要准确控制产品的成本，应该分析成本的多重动因。生产产品的必要劳动时间决定了产品的价值，所以控制成本应该从作业入手，尽量让作业高效，减少甚至消除无效作业，这是现代成本控制方法的基础理念。

二、成本的含义变得更为宽泛

传统的产品成本的含义一般指产品的制造成本，即包括产品的直接材料成本、直接人工成本和应该分摊的制造费用，而其他的费用与产品完全无关。

现代企业竞争激烈，若只考察产品的制造成本会造成企业投资、生产决策的严重失误。从成本动因的角度去考虑，企业从产品引进到获利，其成本不仅仅是制造成本，而是贯穿产品生命周期的全部成本发生。因此，成本包括产品的开发设计成本、产品生产制造成本、产品使用、维护、保养和废弃成本等一系列与产品有关的所有企业资源的耗费。

三、从成本节省到成本避免

传统的观念中，要想降低生产成本，唯一的途径是节省成本，即力求在工作现场不浪费资源，并改进工作方式以节约将发生的成本支出。但是现代企业要想从根本上降低成本，就要寻求新方法。现代的 JIT（适时生产系统）坚持"零库存"，避免了几乎所有的存货成本；TQC（全面质量控制）坚持"零缺陷"，避免了几乎所有的维修成本和不良品的成本。事前预防重于事后调整，这是现代成本避免的根本思想。

四、时间作为一个重要的竞争因素

在激烈竞争的市场上，只有在保证产品质量和数量的前提下，让产品的生产周期变短，才能尽快抢占市场，所以，投入更多的成本用于缩短设计、开发的生产时间以缩短产品上市的时间，是非常有必要的。同时，时间的竞争力还表现在顾客对产品服务的满意程度上，包括售前服务、售中服务和售后服务等。企业要充分满足客户的所有合理需求，使客户价值最大化，这样才能掌握市场动态。

五、成本控制的范围扩展到整个企业

传统观念中，成本只是会计部门和生产部门的事情，而从现在看来，成本的范围是非常广泛的，它包括产品从引入到获利整个过程中所有的人力、物力、财力的投入，已经扩展到整个企业。

生产成本核算

一、成本核算

成本核算是指对生产费用的发生和产品成本形成而进行的会计核算，是成本管理的基础环节，为成本管理分析和管理控制提供信息。成本核算分为

传统成本核算和作业成本核算，主要以会计核算为基础，以货币为计算单位。

成本核算的主要内容包括材料成本核算、人工成本核算、制造费用核算。其中，材料成本的计算最为重要，一般分为主要材料和辅助材料。人工成本和制造费用能确定出产品成本归属的应直接计入产品，不能明确划分成本归属的，根据实际生产工艺确定分配标准。

二、产品成本核算的基本程序

1. 对生产费用支出进行审核

对于生产过程中所产生的各种费用，必须根据国家、上级主管部门和本企业的有关制度、规定进行严格审核，对于不符合要求的费用加以剔除和制止，情况严重者可追究经济责任。

2. 确定成本计算对象和成本项目

每个企业对于成本的管理是各不相同的，所以应该从企业的实际生产情况和成本管理的特点出发，确定成本计算对象和成本项目，并根据确定的成本计算对象而开设产品成本明细账。

3. 对各要素费用进行分配

各项要素所需费用是不同的，班组长要对发生的各项要素的具体情况进行分析，然后将费用进行汇总，编制各种要素费用分配表，按其用途分配记入有关的生产成本明细账。

4. 进行综合费用的分配

对记入"制造费用"、"生产成本——辅助生产成本"和"废品损失"等账户的综合费用，月终采用一定的分配方法进行分配，并记入"生产成本——基本生产成本"以及有关的产品成本明细账。

5. 对完工产品成本与在产品成本进行划分

通过要素费用和综合费用的分配，所发生的各项生产费用的分配等情况将完工产品的成本和在产品的成本分别清楚地记录。如果没有在产品，产品成本明细账所归集的生产费用即为完工产品总成本。如果有在产品，需将产品成本明细账所归集的生产费用按一定的划分方法在完工产品和月末在产品之间进行划分，从而计算出完工产品成本和月末在产品成本。

6. 计算产品的总成本和单位成本

在品种法、分批法下，产品成本明细账中计算出的完工产品成本即为产品的总成本。分步法下，则需根据各生产步骤成本明细账进行，顺序逐步结转或平行汇总，才能计算出产品的总成本。以产品的总成本除以产品的数量，就可以计算出产品的单位成本。

三、成本资料的取得

（1）在企业相关的管理制度下，对仓库和车间等的单据进行搜集和整理。

（2）将生产过程中的各种记录、生产通知单、领料单、入库单等资料及时转交会计部门。

（3）将日常发生的与生产有关的暂用资料归入生产成本或制造费用科目。

四、产品成本计算方法

产品成本基本的计算方法主要有品种法、分批法、逐步结转分步法、平行结转分步法、作业成本法；成本核算的辅助方法有标准成本法、定额法、责任成本核算法、联产品法、副产品法和等级品成本计算法。

下面仅对主要的计算方法进行介绍。

1. 品种法

品种法是以产品品种为产品计算对象而归集生产费用、计算产品成本的一种方法。品种法是产品成本计算最基本、最简单的一种计算方法，一般运用大量大批的简单生产或者单步骤生产，例如发电、自来水生产、原煤原油的开采等。这种生产的基本特性是封闭性，基本特点是单一生产，月末一般没有在产品存在，即使有在产品，数量也很少，所以一般不用划分完工产品与在产品的费用。

一般来说，当期发生的生产费用总和就是当期完工产品的总成本。费用总和除以产量，就可以计算出产品的单位成本。

计算程序：

（1）按照产品品种设置基本生产明细账或成本计算单，账中设立各成本项目的专栏。

（2）将生产的所用费用进行归集。假如只生产一种产品，而发生的生产费用全部都是直接费用，可以根据费用分配表和有关凭证直接记入成本计算单中有关成本项目，不需要考虑产品之间生产费用的分配问题；假如生产的产品有多种，则采用直接费用直接记入而间接费用分配记入的方法归集生产费用。

（3）对产品成本进行计算。通常情况下，月末是没有在产品的，就算有，数量也是非常少，这样可以不计算在产品成本，该种完工产品的总成本就是产品成本计算中归集的生产费用。假如存在在产品，而且数量较多，就需将产品成本计算中归集的生产费用，在完工产品和在产品之间进行适当合理分配，以便计算完工产品成本和月末在产品成本。

2. 分批法

分批法是以产品批别作为成本计算对象，归集生产费用、计算产品成本的一种方法。在小批单件生产的企业中，企业的生产活动基本上根据订货单位的订单签发组织生产，按产品批别计算产品成本，往往与按订单计算产品成本相一致，因而分批法也叫订单法。

它适用于单件、小批、装配式多步骤生产，主要包括：①重型机械制造、船舶制造、精密工具、仪器制造等；②不断推陈出新的时装、鞋包制造；③新产品的试制试验、机器设备的修理作业以及辅助生产的工具、器具、模具制造等。

计算程序：

（1）一般应按订单或产品批别设置基本生产明细账、辅助生产成本明细账或成本计算单，账中按成本项目设立专栏。如果生产规模较大，就要对产品成本进行分级，这时应按车间设置制造费用明细账，同时设置待摊费用、预提费用等明细账。

（2）对生产费用进行归集，编制各种要素费用分配表。各批产品发生的生产费用要按月进行归集，归集的基本原则是：能按订单或批别划分的直接费用要直接记入该成本计算单；对于不能按订单或批别划分的间接费用，应该仔细分析其受益对象，根据受益程度进行分配，这就需要采用当月分配法和累计分配法来计算。

所谓当月分配法，是指分配间接费用时，不论各批次产品是否完工，都要按当月分配率分配其应负担的间接费用。采用这种分配法，各月月末间接费用明细账没有余额，未完工批次或订单也要按月结转间接费用。其计算公式为：

分配率＝当月发出的间接费用÷当月分配标准（工时）总数某批产品应分配的间接费用－该批产品当月发生的分配标准（工时）×分配率

这种产品生产成本计算方法适用于生产周期短、产品批数少、产品数量也不多的生产。

所谓累计分配法，是指分配间接费用时，必须要在批次完工后才能得到分配，而对当月未完工批次的在产品需负担的制造费用保留在"制造费用"账户中，暂不分配，待其完工后，连同继续发生的制造费用一起分配，而且是按累计分配率分配。其计算公式为：

累计分配率＝各批产品累计间接费用÷各批产品累计分配标准（工时）某批产品应分配的间接费用－该批产品累计分配标准（工时）×累计分配率

这种产品生产成本计算方法适用于在同期内投产批数多、月末在产品数量也多的生产。

（3）对产品成本进行计算。月末根据完工批别的完工通知单，将记入已完工的该批产品的成本明细账所归集的生产费用，按成本项目加以汇总，就可以计算出完工产品总成本和单位成本。

3. 分步法

分步法是以产品生产步骤和产品品种为成本计算对象，归集和分配生产费用、计算产品成本的一种方法，适用于连续、大量、多步骤的生产，如冶金、水泥、纺织、造纸、化工、酿酒、砖瓦、家电等生产。这些生产，从原材料投入到产品完工，要经过很多的生产步骤，除最后一个步骤生产的是成品外，其他步骤生产的是完工程度不同的半成品。这些半成品一般是下一步骤加工的对象。因此，这种生产应按步骤和产品品种设置产品成本明细账，对各步骤的成本进行区别以归集生产费用。

在实际生产工作中，分步法在结转各步骤成本时，可以采用平行结转分步法和逐步结转分步法两种方式。

（1）平行结转分步法，也称为不计算半成品成本法，是指半成品发生转移并不影响半成品的结转，而是在某步骤发生就留在该步骤的成本明细账内，直到最后加工成产成品，才将其成本从各步骤的成本明细账转出。它主要适用于大批量装配式多步骤的生产。

（2）逐步结转分步法，也称顺序结转法，它是按照产品连续加工的先后顺序，根据生产步骤所汇集的成本、费用和产量记录，逐步计算并结转各个步骤的半成品成本，直到最后加工步骤才能计算出产品成本的一种分步法。这种方法的一般步骤是：先计算第一步骤的半成品成本，然后结转给第二步骤；加上第二步骤的加工费用后，算出第二步骤半成品成本，转入第三步骤……依次逐步结转累计，直到最后算出的完工产品成本就是产成品成本。

品种法、分批法、分步法是产品生产成本核算的三种最基本的方法，各生产企业要结合企业生产产品的类别、特点等实际情况而选择合适的成本计算方法。

生产成本控制

一、生产成本控制

生产成本控制是企业为了降低成本，对各种生产消耗和费用进行引导、限制及监督，将实际成本维持在预定的标准成本之内的一系列工作。

二、生产成本控制的内容

生产成本控制的内容包括成本形成过程的各种费用控制和成本费用控制。

1. 成本形成过程的成本控制内容

（1）产品投产前的控制。主要包括产品设计成本、加工工艺成本、物资采购成本、生产组织方式、材料定额与劳动定额水平等。这个阶段的成本在总成本中占有非常重要的地位，可以说产品总成本的60%取决于该阶段成本控制工作的质量，它基本决定了成本的趋势和水平。

（2）制造过程中的控制。主要包括原材料、人工、能源动力、各种辅料的消耗、工序间物料运输费用、车间以及其他管理部门的费用支出。该阶段是成本实际形成的主要阶段，绝大部分的生产支出在这里实现。

（3）流通过程中的控制。主要包括产品包装、厂外运输、广告促销、销售机构开支和售后服务等费用。这些费用是不可忽视的，如果控制不好就得不偿失，所以也要做定量分析。

2. 成本费用控制的构成

（1）原材料成本控制。影响原材料成本的因素有采购、库存费用、生产消耗、回收利用等，一般情况下的制造业，原材料的费用占有绝对的比重，一般在 60% 以上，有时可高达 90%，是成本控制的主要对象。

（2）工资费用控制。控制工资成本的关键在于提高劳动生产率，它与劳动定额、工时消耗、工时利用率、工作效率、工人出勤率等因素有关。工资费用虽然不是成本的主要支出，但有一定的影响，特别是在工资日涨的情况下。应尽量将企业的效益情况与工资挂钩，减少单位产品中工资的比重。

（3）制造费用控制。主要包括折旧费、修理费、辅助生产费用、车间管理人员工资等，这笔费用虽然不显眼，但却存在很多浪费现象，需要企业引起重视。

（4）企业管理费控制。企业管理费指企业组织和管理生产所产生的费用，比重虽小但也不容忽视。

三、生产成本控制的程序

1. 制定成本标准

可采用计划指标分解法、预算法和定额法来制定成本标准。

（1）计划指标分解法。即将大指标分解为小指标，分解方法有按部门、单位进行分解，按品种、工艺、零部件进行分解，按工序进行分解。

（2）预算法。用制订预算的办法制定控制标准，要注意预算的制定应符合实际情况。

（3）定额法。建立起定额和费用开支限额，并将这些定额和限额作为控制标准而进行控制。如辅助材料定额、机器消耗定额、工时定额等。

2. 形成成本控制的监督机制，经常进行检查

企业管理要对材料费用、工资费用、各种间接费用等进行有效的监督和

控制。

3. 及时纠正偏差，查明原因并改进。

四、生产成本控制的措施

（1）加强全体员工的成本意识。

（2）建立严格的费用审批制度并贯彻落实。

（3）建立原始记录与统计台账制度。

（4）建立定员、定额管理制度。

（5）建立物资材料计量验收制度。

（6）加强生产现场定置管理。

（7）加强物料流转控制。

（8）积极纠正偏差。

成本计划管理工作内容

一、班组要建立起组织，明确各部门责任

为确保成本计划管理工作能够深入、有效地开展，班组必须建立必要的组织保障，企业要建立由各个生产单位一把手负责的班组成本管理网络，同时在生产单位明确班组长就是班组的成本管理员，并在每个班组指定物料消耗统计员。

二、班组要进行系统培训，明确班组成本计划管理思路

为了使参加成本计划管理工作的员工都能对生产成本的构成、班组成本控制的方法有基本的认识，班组必须推进有关成本知识的系统培训，内容包括：车间成本的构成和控制要点；成本管理的方法和要求；成本管理员的工作要领等。应真正使培训起到学用结合、教学相长的效果。通过培训，使广大的员工都能明晰成本管理的实际操作思路和控制的要点，并且意识到各自在班组成本管理中的角色，同时要求所有的班组按照"干什么、管什么、算什么"的思路，制订出详尽的班组成本管理工作计划，内容包括考核项目、考核目标、保障措施、考核办法。

三、加强宣传，提高班组成员对于成本计划管理的认识

为了能够更有效地对成本计划管理工作进行宣传，班组要充分运用黑板报、橱窗、网络、标语等各类宣传工具，进行广泛的宣传动员。让员工清楚班组成本管理是事关企业效益及员工切身利益的大事，让"降本增效"观念深入人心，培养员工强烈的参与意识，营造一种良好的舆论氛围。同时通过广泛的宣传教育，使开展班组管理这项工作得到广大员工的理解和支持。

四、制订出班组成本管理工作的计划重点

（1）班组要保障措施实施具体化。也就是要求各个班组均要结合班组物耗控制的重点，制订出具体的降低物料消耗控制措施。

（2）班组要对成本计划考核的项目工序化。即班组要按各工序耗用的物料确定各班组的考核项目，使之明确成本管理工作的重点。

（3）班组要明确考核责任个体化。考核到个人的成本指标一定要尽可能将激励机制直接考核到班组的每位员工。

（4）班组要做到考核标准定量化。即班组要按照各道工序的历史成本和消耗定额，科学地制定考核目标及考核标准。

五、班组要细化流程，确保成本计划管理工作能够有效实施

班组要明确成本管理的工作思路，之后还要建立起详细的考核流程，以免使得班组成本管理活动只是走过场，而不是顺利地实施。

六、规范班组成本计划程序，加强控制成本管理

班组要对各车间按月组织专人检查成本工作，检查内容包括：班组成本管理的措施落实情况；把握班组成本管理活动的关键环节；成本对比数据和阶段性分析以及班组成本考核情况；班组成本管理活动记录和各类台账；进一步修订成本管理奖惩措施，明确具体的改进工作思路。

七、工作跟进，及时进行辅导

班组在推进班组成本管理工作中，还要与从事成本管理工作人员的工作进行跟进和辅导，班组成本管理推进将全部生产车间、科室分成三个组（热加工组、冷加工组和综合组），分别指定三位专业成本管理人员进行成本管理工作的跟进和对口辅导。主要工作是：定期检查生产单位班组成本管理基

础工作；针对检查发现的问题下达整改通知书。

八、严格考核，奖惩及时兑现

企业应严格按照年初签订的降成本目标责任书，在生产车间，原则上按照季度或月度，依据各个班组降成本业绩进行兑现。在班组中，要依据当期的降成本业绩，每半年向生产车间兑现奖惩。只有有了奖惩制度的保障，才能有效地调动起班组员工降成本的积极性，有效促进企业降成本工作的展开。

第二节　完善班组成本管理计划

班组如何编制成本计划

对于成本的计划管理，班组在完善成本管理计划时，首先要编制好成本计划。那么，班组要如何编制成本计划呢？

这需要班组做到以下几点：

（1）详细分析企业过去时期，尤其是上半年的成本费用计划的完成情况。只有准确地分析总结过去，客观踏实地把握现在，才能科学地预测未来。所以，班组应该在总结过去年度，特别是上年度成本费用水平的基础上，为计划年度制定科学合理的成本费用计划，把报告期的实际平均单位成本与上期数据相比较，查清原因，揭露差距，总结经验，从而为计划年度制定降低成本的措施提供依据和资料。

（2）在分析的基础之上，搜集、储存和整理出成本费用水平的基础资料。这些基础资料包括：企业计划年度的经营战略与目标；计划年度内各项成本费用消耗水平，例如能源、材料等消耗定额与价格，劳动人工定额，还有各项费用定额水平，企业同行业成本费用的先进合理水平，企业历史最好水平及上年成本费用水平的历史资料。

（3）初步预测成本费用的计划指标，分别编制确定各单位、各部门的成本费用计划指标。企业的成本费用计划是在各单位、各部门内部的成本费用计划指标的基础上编制而成的。因此，为了能够保证成本费用总指标的顺利达成，在正式具体编制成本费用计划之前，企业要层层分解并步步落实到有关责任单位、责任部门和责任班组及责任个人，为企业正确编制成本费用计划做好准备。在确定准备充足的情况之下，运用恰当的方式，完成好工作。从目前情况看，国内企业常用的编制成本费用计划有两种方式：分级编制方式和一级编制方式。

计划生产型企业怎样编制生产计划

一、计划的步骤

1. 确定计划的区间

就时间而言，生产计划一般包括日程生产计划、月份生产计划、季度生产计划、半年生产计划和年度生产计划。

2. 明确计划的内容

生产计划的制订要明确生产产品的类型、数量、工艺要求等信息。

3. 分析产能和负荷

将要生产的工作量（负荷）与生产能力比较、分析，取得两者之间最大的平衡。

4. 制订日程计划

任何生产计划都必须以每日计划为基础，制订日程计划可以掌控生产的进度，保证期间计划的完成。

二、计划生产量的计算

生产计划量＝该期间销售计划量＋期末产品库存计划量－期初产品库存量

其中，销售计划量是以市场需求预测为基础，由销售部门考虑相关因素包括部门意志所计划的量。

期末产品库存量是为防备下期需要而预先准备决定的量。

期初产品库存量是在该期间之前已经存在的库存量。

三、对生产能力进行分析

1. 生产能力分析的内容

（1）生产产品的对象、进度、生产期限。

（2）生产产品所需物料的类型、数量等及如何保证物料供应充足。

（3）怎样解决生产产品的技术要求、工艺要求等技术力量所欠缺的问题。

（4）生产产品所需设备的类型、数量。

（5）怎样解决生产产品所需人力不够的问题。

2. 技术能力分析

表 2-1　技术能力分析表

产品名称	工序	各工序技术要求		公司现有技术力量		技术差距		解决办法
		人数	水平	人数	水平	人数	水平	
产品一								
产品二								
产品三								

3. 人力负荷分析

（1）人力需求计算公式：

标准总工时 = 计划产量 × 标准工时

每人每月工时 = 每人每月工作天数 × 每人每天工作时数

人员宽裕度表示必要的机动人数，以备缺员时可以调剂，一般可定为 10%~15%。

所需人数 = 标准总工时 ÷ 每人每月工时 × (1 + 人员宽裕度)

（2）将所需人力与实际能力进行比较，求出差额。

（3）采取措施解决人力不足问题。一是调整负荷，延长工作时间或增加工作天数；二是向人力资源部申请补充人员。

4. 设备负荷分析

（1）根据生产计划将所需设备进行分类。

（2）计算各种机器设备的产能负荷。其计算公式：

单台设备产能＝作业时间÷单位产品标准时间

所有设备产能＝（总作业时间＋总标准时间）×设备台数×开机率

每日应生产数＝每种机器设备的合计计划生产数÷计划生产日期

（3）将所需设备负荷与现有设备负荷进行比较，求出差额。

（4）解决设备负荷不足或剩余问题。

如果设备负荷不足，可以采取增加设备和部分外包的措施。

如果设备负荷剩余，可以采取减少设备和收回外包的措施。

四、拟订月生产计划

（1）必须每月拟订，但不一定只限于一个月期间的计划，也可能是三四个月期间的计划。如果有计划重复，可以进行修改。

（2）每月拟订计划须解决产品的变更，库存的调整，销售计划的修订，生产能力的变化等问题。

（3）正确确定计划区间，充分考虑计划的实施。

五、拟订日程计划

1. 日程计划拟订的内容

（1）作业的完成时间。

（2）对紧急生产量及作业的对策。

（3）对计划变更的考虑及贯彻。

（4）与相关部门的合作方式。

2. 日程计划方式

负荷管理方式步骤：

（1）计算目前生产工作结束的时间，确定新工作开始的时间。

（2）计划新生产工作所需时日。

（3）将两者加以合计，推算可完成的日期。

基准日程计划方式步骤：

（1）确定订货产品的最后交期。

（2）以其最后交期（出货日）作为起点，按一定的规则使用基准日程。

（3）使用基准日程，从最后交期做机械性的倒推算，最后推算出可完成的日期。

六、库存补充生产方式

1. 定义

指当产品种类多，需求量不大时，在不太大的范围内设定库存的基准，以此作为杠杆，当库存变少时进行补充。

2. 库存补充生产计划制订的方法

（1）运用 ABC 分析法，将产品品种按数量的多少进行排列。

（2）对于量小而品种多的产品，设定库存基准，依基准决定须补充的数量。

（3）对量大的品种，以销售计划为基础订立生产计划。

（4）当库存量一旦低于基准值，立即进行生产。

3. 负荷与产能的调整

当必须补充的量（负荷）大于生产能力时：

（1）将低于基准量的少数品种转至下次补充生产。

（2）同销售部协商，把适当的品种转至下次补充生产。

（3）减少某些限定品种的补充量。

当必须补充的量（负荷）小于生产能力时：

（1）把已接近低于基准值的品种挑出，作为本次补充生产。

（2）同销售部门协商，即使未低于基准值，只要品种适当，也作为本次补充生产。

（3）适当增加必须补充生产的量。

订单生产型企业怎样编制生产计划

一、订单型生产的特征

（1）一切生产依照客户订单，必须满足客户的要求。

（2）客户对产品交期要求严格，每次的订单都会有所不同。

（3）因为订单的不同，所以采购时间长。

（4）工作负荷随订单变化而变化，订单量时大时小，工作负荷变动大。

（5）生产产品有相通的功能。

二、订单型生产相关计划

（1）产品开发计划：对产品进行小量的试制，分析情况后制订开发计划。

（2）途程计划：从途程计划中分析产能负荷状况，使日程计划安排更切实际。

（3）人员计划：编制人员安排，考虑出勤率。

（4）负荷计划：做好生产负荷的计划，是顺利生产的保证。

（5）库存计划：可调整长短期订单及季节性产销变化。

（6）出货计划：根据产品交货期进行编制。

（7）用料计划：根据生产需要和用料定额进行编制。

（8）外协计划：如何善用及建立各项生产相关计划直接影响到生产管理工作的运行、生产计划的可行性及落实。

三、生产计划的制订要求

1. 3~6个月生产计划

计划内容：

（1）每月的生产数量、批量。

（2）各规格别的生产数量、批量。

（3）各机种别的生产数量、批量。

（4）各销售别的生产数量、批量。

计划的依据：

（1）订货记录。

（2）成品库存政策。

（3）各种产品月份批生产数量。

注意事项：

必须每月进行修订，紧急规定其生产计划方式。

2. 月生产计划

计划内容：

（1）当月各规格生产数量。

（2）当月各机种生产数量。

（3）当月生产日期。

（4）生产部门/单位。

制订依据：

（1）3~6个月生产计划。

（2）订货记录。

（3）紧急订单。

（4）成品库存政策。

（5）当月各种产品生产数量及日期。

注意事项：

（1）注意计划的连贯性。

（2）考虑人力、材料、机械等各项生产资源的配合。

3. 周生产计划

根据3~6个月生产计划和月生产计划来制订，如表2-2所示。

表2-2　周生产计划表

日期：　　年　　月　　日

序号	生产批次	指令单号	品名	计划生产数	计划日程							备注
					一	二	三	四	五	六	日	

4. 日程计划

日程计划的内容：设定时间、顺序、不同产品和批量的衔接。

日程计划拟订要点：

（1）决定基准日程。

（2）制订详细的月生产计划。

（3）按照交期先后安排日程。

（4）做好前期作业准备。

班组如何合理计划生产需求

班组是完成企业有关产品各项经营目标的主要承担者和直接实现者，也是企业生产作业中的基本单位。由此不难看出，企业管理水平的重要体现方式就表现在班组生产的管理水平中，决定着企业整体的安全生产形势的是班组能否合理计划生产需求。因此，企业对于班组进行的安全活动每隔 15 天就会开展一次考核。那么班组要如何合理计划生产需求呢？

一、组织班组危险预知活动

在班组长主持下进行班组工作中的危险预测。活动目的是控制人为失误，提高员工安全意识和安全技术素质，落实安全操作规程和岗位责任制，提前发现危险因素，制定预防措施，并重点落实。

活动中要求全员参与，班组长对所讨论主题进行初步准备，以便活动时心中有数并进行引导性发言，调动员工积极性，发挥集体智慧，让所有组员有充分发表的机会，使大家在活动中受到教育。

二、开展计划生产学习和培训

班组要运用多种形式和方法，提高班组全体成员对计划生产方针的认识，加强贯彻落实计划生产方针，把计划生产思想与计划生产技术训练结合起来，提高班组成员计划生产技能。

三、班组长应结合当前具体生产（检修）任务及工作环境，详细布置计划工作，并明确生产需要

班组如何做好生产成本准备

班组在完善成本管理计划的工作时，要做好生产成本的准备工作，具体包括：

（1）制订出合理的作业指导书。要根据工程技术部、品质部提供的产品工艺要求、管理重点、品质要求，制订相应的作业指导书来指导员工作业。

（2）要针对产品的特性要求来培训员工，反复培养员工的作业能力、速度、品质认识水平，直到符合生产要求为止。同时有关于班组内人员岗位的安排和产能设定人员培训合格后，班组要根据员工个性和能力的差异安排岗位，工程分割也应作相应调整。之后根据作业熟练程度制定每日产能推移，以求尽早达到产量定额。

（3）对生产设备、仪器、工装的安装、调试等等。班组长在设备管理人员的协助下要熟练地进行安装、调试设备，这样才能够保证班组长能够全面掌握设备、仪器的使用、点检、保养方法。并通过学习和使用，确定设备、仪器的使用状态，能够快速寻找出最佳的生产状态。

（4）预算工装夹具、工具、辅助材料、劳保用品的用量。这类物品的用量只有生产第一线的人员最清楚，所以班组长应在收集各员工建议的基础上统计整理，提出预算。预算提交后还要专门跟进，保证所需物品及时到位。

（5）班组长要亲身实践于生产过程当中，以便于能够及时发现物料、设备、工艺、图纸及标准等方面的异常状况，详细记录这些状况，并且积极寻求相关部门对这些状况进行解决。

因为，生产准备活动是企业的全方位活动，因此，班组长在其中要承担起大量的基础工作，为了能够更好地锻炼自己，也为了能够更好地对工作负责，班组长在工作中不妨采取清单的方式跟进工作，以防止遗忘问题。

另外，不管班组长在生产准备的过程中发现了任何问题、异常和不便等，都应做到认真记录下来并寻求解决办法。同时在新产品的投产过程中，班组也要竭尽全力去工作。

班组怎样进行生产成本核算

班组进行生产成本核算的时候，主要就是对企业中的基本生产成本、辅助生产成本、待摊费用和预提费用以及制造费用进行核算。

一、基本生产成本的核算

基本生产成本的核算包括直接材料成本和直接人工成本的核算。

1. 直接材料成本的核算

企业中，班组在生产车间发生的直接用于产品生产的材料成本，包括直接用于产品生产的燃料和动力成本，应专门设置"直接材料"等成本项目。这些原料和主要材料一般分产品领用，应根据领料凭证直接记入某种产品成本的"直接材料"项目。

假如是几种产品共同耗用的材料成本，就应当采用适当的分配方法，分配记入各有关产品成本的"直接材料"成本项目。或者直接用于产品生产、专设成本项目的各种材料成本，班组应借记"生产成本——基本生产成本"科目及其所属各产品成本明细账"直接材料"成本项目。并且企业应根据发出材料的成本总额，贷记"原材料"等科目。

2. 直接人工成本的核算

直接人工成本的核算指的是企业直接进行产品生产、设有"直接人工"成本项目的生产工人工资、福利费等员工薪酬，针对这一情况，班组应单独记入"生产成本——基本生产成本"科目和在明细账中记入"直接人工"成本项目，同时，贷记"应付员工薪酬"科目。

二、辅助生产成本的核算

辅助生产是指班组为基本生产服务而进行的产品生产和劳务供应。而辅助生产成本则是指班组在辅助生产车间产生的成本。

1. 辅助生产成本的归集

辅助生产成本的归集和分配，是通过"生产成本——辅助生产成本"科目进行的。该科目一般应按车间以及产品和劳务设立明细账，明细账中按照成本项目设立专栏或专行，进行明细核算。辅助生产车间发生的直接用于辅助生产、专设成本项目的各种材料成本，应单独直接记入"生产成本——辅助生产成本"科目和所属有关明细账的借方；直接进行辅助生产、设有"直接人工"成本项目的生产工人工资、福利费等员工薪酬，应记入"生产成本——辅助生产成本"科目和所属有关明细账的借方。直接用于辅助生产但没有专设成本项目的成本（例如辅助生产车间机器设备折旧费等），以及间接用于辅助生产的成本（例如辅助生产车间管理人员员工薪酬、机物料消耗和运输费等），一般有两种归集方式：一是先记入"制造费用"科目及所属明细账的借方进行归集，然后再从其贷方直接转入或分配转入"生产成本——辅助生产成本"科目及所属明细账的借方；二是不通过"制造费用"科目核算，直接记入"生产成本——辅助生产成本"科目和所属明细账的借方。

2. 辅助生产成本的分配

辅助生产成本的分配，应通过辅助生产成本分配表进行。分配辅助生产成本的方法主要有直接分配法、交互分配法和按计划成本分配法等，借记"制造费用"等科目，贷记"生产成本——辅助生产成本"科目。

三、制造费用的核算

1. 制造费用的归集

制造费用，是指企业为生产产品和提供劳务而发生的各项间接费用。制造费用属于应记入产品成本但不专设成本项目的各项成本。制造费用归集和分配应当通过"制造费用"科目进行。该科目应当根据有关付款凭证、转账凭证和前述各种成本分配表登记；此外，还应按不同的车间设立明细账，账内按照成本项目设立专栏，分别反映各车间各项制造费用的发生情况和分配转出情况。基本生产车间和辅助生产车间发生的直接用于生产、但没有专设成本项目的各种材料成本以及用于组织和管理生产活动的各种材料成本，一般应借记"制造费用"及其明细账（基本生产车间或辅助生产车间）的相关成本项目，贷记"原材料"等科目；基本生产车间和辅助生产车间管理人员的工资、福利费等员工薪酬，应记入"制造费用"科目和所属明细账的借方，同时，贷记"应付员工薪酬"科目。

2. 制造费用的分配

在基本生产车间只生产一种产品的情况下，制造费用可以直接记入该种产品的成本。在生产多种产品的情况下，制造费用应采用适当的分配方法记入各种产品的成本。

企业应当根据制造费用的性质，合理选择制造费用分配方法。分配制造费用的方法很多，通常采用的方法有：生产工人工时比例法（按照各种产品所用生产工人实际工时数的比例分配制造费用的方法）、生产工人工资比例法（按照记入各种产品成本的生产工人实际工资的比例分配制造费用的方法）、机器工时比例法（按照生产各种产品所用机器设备运转时间的比例分配制造费用的方法）和年度计划分配率法（按照年度开始前确定的全年度适用的计划分配率分配制造费用的方法）等。

四、预提费用的核算和待摊费用

1. 预提费用的核算

预提费用是指预先分月记入成本，但由以后月份支付的成本。这样做也是为了正确划分各个月份的成本界限，从而正确计算各月产品成本。预提费用的预提期限也应按其受益期确定。预提费用的受益期一般不得超过一年。

预提费用的预提和支付，通过"预提费用"科目进行。生产车间预提成本时，应借记"制造费用"科目及所属明细账相应的项目，贷记"预提费用"科目。实际支付预提成本时，应借记"预提费用"科目，贷记"银行存款"等科目。"预提费用"科目的贷方余额，为已经预提但尚未支付的成本。如果预提期内实际发生的成本大于已预提的成本，该科目会出现借方余额，该余额属于已经支付但尚未记入生产成本的支出，应作为待摊费用，在预提期末前分月摊销。预提成本应按预提成本的种类进行明细核算，分别反映各种预提成本的预提和支付情况。

2. 待摊费用的核算

企业生产车间发生的待摊费用，是指本月发生、应由本月和以后各月产品成本共同负担的成本。这种成本发生以后，不是一次全部记入当期成本，而是按照其受益期限分摊记入各月成本。这样做是为了正确划分各个月份的成本，从而正确计算各月产品成本。待摊费用一般要在一年内摊完。生产车间的待摊费用主要包括预付保险费和预付固定资产租金等。待摊费用的发生和分配是通过增设"待摊费用"科目进行核算的。成本发生时，应借记"待摊费用"科目，贷记"银行存款"等科目。由于摊销的成本一般不专设成本项目，因而生产车间摊销相关成本时，一般应按各车间进行分配。摊销时，借记"制造费用"科目，贷记"待摊费用"科目。

班组长如何安排紧急生产任务

一、紧急生产任务的特点

（1）没有确定的出货时间，但要求最快。

（2）出货期限紧迫，超出正常的作业允许时间。

（3）可能是因为突然插单。

（4）运输方式发生改变。

二、安排紧急生产任务的方法

（1）对紧急生产任务做出评估，对其金额、时间、客户等相关因素进行分析。

（2）召开紧急生产决策会议。

（3）按照会议决定迅速开展工作。

（4）实施简易式（或休克式）方式转产，冻结或清理原有生产过程。

（5）加快半成品的流动速度，减少企业内部工序间的半成品库存，缩短生产周期。

（6）与不紧急的产品调节或调换生产。

（7）寻找厂商进行加工生产。

（8）合理安排人员进行适当的加班。

（9）预计需要的完成时间，当实际完成后立即向上级报告。

第三节　分解班组计划指标落实到人

班组目标成本和责任成本的确立

班组在进行成本管理的时候，很多的企业运用传统成本管理，重在管事，偏向于主观判断；而现代很多的企业则喜欢运用责任成本管理，重在管人，依据科学合理的测算和分析，更具实效性和可操作性。

在现代市场激烈竞争的形势之下，企业应重视起对员工的激励和引导，通过正确引导，使他们朝着有利的方向发展，不断地完成企业的目标。只有这样，企业才能通过对内部员工责权利的划分，从而签订责任成本合同，把工程项目的每一项支出与员工切身的经济利益联系起来，促使员工发挥自己最大的主观能动性，积极探索新工艺、新方法，增效减耗，增加个人收益，这也能快速提高企业的经济效益。

也就是说，班组在对目标成本和责任成本的确立时要进行深层次的科学计算。

一、企业要用"倒推法"确定班组的目标成本

也就是说，不管企业进行什么样的产品生产，企业领导首先一定要确定出有关该次生产的目标成本，之后再对整个项目的利润目标和责任成本控制做到心中有数，这是做好责任成本管理的基础。

二、企业要确定好班组责任成本

企业要通过对施工项目的实际考察，再结合工、料、机等各项费用的市场价格，参照已定的目标成本，根据市场平均先进水平的原则制定出"蹦一蹦就能够得着"的项目责任预算，并将其层层分解到各责任控制中心，成为落实到各部门、各班组、各人头的责任成本。在实际工作中如果条件有所变化，则相应的责任预算和责任成本也应作合理的调整，以保证其有效性。

同时，班组还要定期对各责任中心的实际成本与责任成本进行比较，严格实行奖罚。班组长要做出细致的数据分析，只有这样，才能扬长避短，不断提高班组成本管理水平。

班组要掌控好整个流水线的生产进度

流水线是一种工业上的生产方式，指每个生产单位只专注处理某一个片段的工作，并且通过某种规则将很多个生产单位有机地结合在一起，使彼此关联，彼此制约，同一频率，统一速度，达到均速生产，提高生产效率的作业流程。

班组长在进行成本计划管理的时候，要分解班组计划指标并落实到每位员工。同时，班组长也要全程把握生产线的安排，加速实现全体目标，提高员工士气。也就是说，班组长在流水线作业的时候，一定不能在第一站点就放得太快，这样很可能会导致后面的作业人员接不上，从而让其心中产生逆反心理，这样做只会得不偿失。同时，班组长还要防止在生产线上出现各站点作业时间不一，有人桌上堆集一大堆，有些人却在聊天等情况出现，如果这样的情况出现，会导致班组在工作的时候分配不平均，员工士气就会一蹶不振。因此，班组长必须要将属下的特性、各站点特性，事先做好非常详细的文字记录，并安排最佳组合上阵。

流水线的特点：

（1）工作的专业化程度高，分工明确精密。

（2）工艺过程是封闭的，工作地按工艺顺序排列，在工序间单向移动。

（3）各道工序配置有序且高度集中。

（4）每道工序都按统一的节拍进行生产。

（5）若处理不好，会产生批量不良品，很难确保品质。

（6）生产能力大，交货期容易确定。

基于以上特点，班组在生产过程中，为了能够更好地掌握好整个流水线的生产，需要做到以下几点：

（1）了解作业人员工作的特性。因为，生产线上人员个性不一，工作熟练度不一，配合度不一，各有优劣。所以，班组要按照企业生产线组合方式，判断出员工工作的特性：是否有责任感，对上司交代事项是否尽职；对于目标达成的欲望如何；是否细心，作业中是否小心翼翼；品质观念如何；当事人对于品质的看法如何；对于品质要求认识的程度如何；作业中是否常出差错；执行任务是否会疏忽或遗漏；是否反应敏捷，手脚灵活；多长时间才可以完全进入状态；等等。

同时，班组长还要对生产线上的员工体力、协调性、勤勉性、情绪化进行深入的调查和分析，只有在综合分析的基础上，班组才能够按照点数，予以量化记录。假若某员工请假，则需按其所属站点工作特性，班组长调配适当人选"补位"，使其真正达到团队合作的效果。

（2）掌握好现场作业人员所熟练的操作工具及作业方式，班组长需根据作业人员的作业经验记录而掌握他们。按照作业人员的工作特性分析其作业熟练度，同时配合各站点的作业需求条件，才能够"适才适所"。

（3）各站点排线时的注意事项：物料需求的掌握对于同样机种但客户需求不同时，要特别慎重。对于制作要求要千万注意；产品所需治具、工具、仪器、设备须切实了解，即知道用什么工具生产，事先应准备好；各站点作业中应注意重点，以避免危险，并提高作业效率；测定各站点工时；考虑各站点加工后如何放在流水线上，如产品应朝前、朝后、朝左、朝右等，长面应朝上或朝下，以方便后站点更顺手，易于确认后站点完成与否；考虑各站点供料时间，掌握联机操作并充分应用领料人员；生产线速度调整，运用人力安排，各站点分配要能调整到最适当速度与组合。

（4）当生产线出现不平衡的问题时，班组要尽快找到解决方案。如果错失时机，生产线安排不到位，就会出现以下现象：线上所放半成品距离不一致；线上没有半成品；线上某些站点堆集半成品；线上待维修的不良品多；某些站点人员很忙，某些站点人员则很轻松，时常休息或聊天；生产线速度太慢或太快；生产线没有物料（或不足）可以生产；线上所放半成品没有一致的方向或放法；作业中有人时常无故起来走动；线上检验站出的不良品多；等等，当这些情况出现时，班组长不能惊慌失措，要冷静地面对，妥善解决。

做好班组各人员的分工

班组在进行计划指标落实时，一定要做好班组内成员的分工，具体情况如下：

一、有关工班长的分工

（1）工班长是一个班组的安全第一责任人，所以在工作的时候，一定要在车间主任领导下完成各项安全生产任务，并且对本班组的员工在生产劳动过程中的安全负责。同时还要对所管辖设备的安全运行负责。检查督促员工遵守安全操作规程和各项安全规章制度。带领本班组人员认真贯彻执行安全规程制度和标准化作业程序，及时制止违章违纪行为。

（2）定期开展各项安全生产活动，落实上级下达的各项事故防范措施。发现不安全因素应及时向上级汇报，并采取整改措施。经常检查工班的工作环境、安全设施、设备工器具的安全状况，发现安全隐患和不安全因素及时登记上报，并采取有效措施及时整改处理。

（3）组织召开班前、班后会和班组内务会，及时传达贯彻落实上级有关工作会议和文件精神，并做好记录。对工班员工进行安全教育，定期组织学习各项安全生产规章制度和安全思想教育，做好新入员工的第三级安全教育。教育员工正确使用劳动防护用品，安全工具和消防器材、工具。

（4）车间组织的安全检查和安全分析会。配合进行安全生产事故的调查分析，并落实防治事故的安全技术措施。对设备重要检修、大修、改造等重点工程进行现场指挥或指导，监督安全措施执行情况。

（5）支持并督促班组兼职安全员履行自己的职责。强调物资材料的合理使用，及时提交物资需求计划。

（6）做好班组、部门的团结协作，精神文明建设，办好上级交办的其他工作。

二、工班维修人员

（1）认真学习安全生产法律法规和企业、车间各项安全生产规章制度，并严格遵守，杜绝违章违纪事件发生。严格执行文明生产制度，坚持持证上岗，正确使用、维护和保管所使用的工器具及劳动防护用品、安全用具，并在使用前认真进行检查。

（2）按照工班管辖范围，做好设备、设施日常巡视、检查工作，并做好记录。巡视检查时做到不走过场，发现异常情况及时处理，发现险情应立即按程序汇报，按事故预案和安全操作规程进行抢险。作业前检查工作场所，做好安全措施，对本岗位或被分配的工作内容应遵章作业，以确保不伤害自己，不伤害他人，不被他人伤害。下班或作业结束前及时清理作业场所，做到"工完、料尽、场地清"。

（3）工作中的各类生产记录做到及时、正确、全面、清楚，特别是对事故隐患、事故处理、设备检修和变更等非正常情况的记录必须详细。积极参加安全技术活动，积极提出改进安全、技术工作的合理化建议，对设备做到四懂（懂原理、懂结构、懂用途、懂性能），努力提高安全意识和操作水平。

（4）对无安全措施和未经安全交底的生产任务，有权拒绝施工和作业，并可越级上报，有权制止他人违章，有权拒绝违章指挥；对危害生命安全和身体健康的行为，有权提出批评、检举和控告。服从工班长的工作安排，听从指挥，认真地完成各项安全生产工作。在上级的统一调度指挥下积极参与故障（事故）抢险。

（5）接受和配合各级部门的安全检查，尊重和支持安全监察人员的工作，服从安全监察人员的监督与指导。完成上级交办的其他任务。

三、工班兼职安全员

（1）督促工班员工在生产活动中严格执行安全操作规程，正确使用劳动防护用品、安全工具和消防器材、工具。在车间专职安全技术员和工班长的领导下，认真贯彻执行各项安全生产规章制度，同时协助工班长做好工班安全工作，对本班安全生产负责。对违章违纪现象及时进行制止和报告。

（2）协助工班长开展形式多样的安全活动，定期组织开展故障（事故）演练，不断提高员工的安全生产意识。协助工班长做好员工的安全意识、安全技术教育工作，负责新聘和转岗人员的班组级安全教育。

（3）检查本班组安全生产情况，如发现隐患和不安全情况，应及时采取应对措施，班组能整改的应当及时整改，不能整改的应当立即报告，并做好记录。配合工班长组织召开安全生产分析会，参加事故调查和分析，协助落实事故的防范措施。

（4）负责建立健全本班组各项安全管理台账记录，保管好有关安全资料，并按时向车间提报。负责工班消防设施器材和安全工器具的管理，定期进行检查，保证其符合使用要求。同时还要完成好上级交办的其他工作。

四、工班维修组长

（1）在班长、兼职安全员领导下，负责本组的全面管理工作。对维修组人员和管辖设备的安全负责。负责设备维护计划的具体执行工作，及时反馈计划执行情况。

（2）负责维修组的生产活动，严格检查各项任务的完成质量。按照机电分企业下达的设备维护保养计划，进行维护和检修，确保机电设备的安全正常运行，按要求填写和录入 EAM 资产管理系统。

（3）定期对设备的运用状态，测试数据进行综合分析，提出设备维护维修建议。负责当班员工的安全教育。

（4）加强维修小组人员的安全生产教育，定期召开安全分析会议，预防故障（事故）的发生。搞好同事间的团结，加强精神文明建设，加强与相关部门的协作。完成领导交办的其他工作。

五、工班兼职政工辅导员

（1）负责组织参与企业党、政、工、团的各类文体活动，组织策划开展工班文体娱乐活动，丰富员工文化娱乐生活。组织对家庭困难、重大疾病、直系亲属死亡、妇女生育等员工进行慰问活动，开展困难家庭员工募捐活动。

（2）在上级组织及工班长的领导下，宣传贯彻落实党的路线、方针、政策，定期组织思想政治学习，及时传达各级党组织文件精神，加强政治理论和业务学习，提高工班员工的政治素质和道德修养。负责做好员工劳动保护、福利待遇等宣传、解释工作，收集整理员工反映情况，时时掌握员工思想动态，做好上情下达、下情上传工作，努力化解各类矛盾。

（3）建立和完善政工台账记录，负责整理工班政工活动记录和内务会记录。完成上级交办的其他工作。

（4）开展好员工思想政治工作和交心、谈心活动，了解员工的工作、生活、学习、家庭等情况，听取员工合理化建议，并及时报告上级组织，必要时提供集体帮助。负责班组宣传工作，及时更新班组宣传栏，收集工班各类活动影像资料，组织开展通信报道工作，并做好稿件的审核、报送、存档和统计工作。

六、工班兼职资料员

（1）在工班长的领导下，负责工班基础资料、图纸、规章规程、文档和报表等资料的管理工作。熟悉专业知识，分类整理设备图纸、厂家技术资料和各类公用规章、规程，并归档建册保存，定期核对检查数量。

（2）负责收集、整理使用后的台账记录、检修试验报告，并分类储存保管以备查，及时清理、销毁过期台账记录。清理工班备用台账记录库存情况，库存不足应及时领用。

（3）协助工班长抓好质量贯标工作，台账记录使用过程中存在不足之处时应及时向技术主管建议修改。协助工班长做好下月的排班工作，及时向上级内勤提交电子排班表。

（4）协助工班长按工班考核办法对员工进行月度考核，按时提交考核汇总表，并按月分类保存好考核基础资料，完成上级交办的其他工作。

七、工班兼职材料员

（1）负责工班工具、材料库房管理，工具、物资摆放整齐并分类存放，定期检查库房的防水、防盗、防潮和防火情况，保障库房安全；定期打扫库房清洁卫生，保持库房干净整洁。掌握材料设备的主要性能、质量、标准以及各类材料的名称、规格、型号、用途和生产地。建立健全工班物资管理台账，定期与车间材料管理人员对账、盘存，做到账物相符。

（2）在工班长的领导下，贯彻执行企业各级 EAM 资产管理、物资材料管理的各项管理办法，负责工班物资材料、备品备件和资产管理工作。根据各工班物资消耗定额、库存量以及工作需求，合理提报工班物资需求计划，并跟踪物资计划的到位情况。

（3）负责废旧物资回收、工班零星物资的申购和绿色通道申请手续的办理。每月定期分析物资消耗情况，按时提报工班物资报表。完成上级交办的其他工作。

（4）深入了解新购物资在现场使用情况，及时向工班长及上级材料员反馈物资使用过程中存在的问题。组织开展 EAM 系统的应用培训工作，及时收集、反映、解决应用中的相关问题。

第四节　班组严把生产周期不延误

控制生产进度，缩短交货期

班组在进行成本计划管理的时候，要有效控制企业产品的生产进度，尽最大可能地缩短交货期，这样才能有效提高企业的生产效率，为企业提高利润。为此班组要有效了解高效率生产方式的定义、方法以及特点。

高效率生产方式是一种追求成本低、品质好、速度快的综合效率高的生产方式，是企业以最小的投入得到最大的产出为目的，有效控制生产进度，从中获得最大的效益。企业为了能够打造出更多的产量和制造更受欢迎的品质的产品，以便于班组能够拥有更低廉的成本和更短的周期，同时为企业的员工塑造更加安全的工作环境，培养员工更高昂的士气，企业不断加大投入，包括资金、人力、材料、机器及厂房等的投入，并且这些投入会随着企业产品的大批量生产和消费，以及规模的不断转变而逐渐加大力度。企业有效组合的投入，是为了能够达到效率高、品质稳定、交货准、浪费少、成本低的目的，从而成为衡量企业生产能力的指标。

因此，为了能够更好地运用高效率生产方式，企业必须设法改进有关产品的加工技术和管理技术，争取使企业的投入产出比最小化，同时还要以最快速度生产出最好的产品。只有这样，才能使企业所有部门工作或作业中不会出现浪费、勉强和不均衡的现象，让班组能够彻底持续地追求最好的工作方法和教育方法，其中还包含建立起最短时间的工作或作业标准，即尽最大可能地缩短从接收订单到交到客户手中之间所用时间。

一、高效率生产方式的特点

高效率生产方式之所以受到人们的普遍欢迎，是因为它具有其他生产方式所不具备的一些无可比拟的特点，主要包括：

（1）科学性。班组在生产的过程中通过应用高效率生产方式的原理制定出作业标准，不仅具有先进、科学、合理的特点，而且在整个制定过程中，也是班组不断地进行改进的过程。最主要的是，高效率生产方式不是描述现状，而是改进现状，再通过一系列改进之后，用最标准的形式把改进的成果固定下来，并且加以坚持和推广。可以这么说，高效率生产方式是班组制定工作标准的最为重要的科学依据。

（2）简洁性。无论是什么样的企业，企业无论是要扩大生产，还是要发展生产，都离不开两条途径：第一是靠着企业不断地进行资金投入，班组不断加大基本建设，这种途径也被人们称为外延式扩大再生产；第二是企业靠着不断改进生产的管理，挖掘出潜力、革新、改善的道路，这种途径常被人们称为内涵式扩大生产。

在中国国情的影响之下，大多数企业主要选择第二种途径发展企业的生产。选择第二种途径的原因是比较符合国内企业的要求。另外，这种方法是一门提高生产率的技术，它通过重新组织工作系统，从而使得企业快速达到提高生产效率的目的，而且是一种不需要投资，或者说，这是一种只需要企业进行有限的投资就能提高企业生产效率和产生可观效益的方法。再加上我国很多的企业中，很多的生产管理人员的水平参差不齐，整体文化素质相对较低，系统地学习和应用 IE 技术存在着一定的困难，而高效率生产方式正是针对这种情况，将 IE 技术的原理在实践中提炼并极尽可能地简单化，使复杂的 IE 变得易懂和实用。通过学习，企业员工的效果非常显著。因此，高效率生产方式也可以被称为是简单化的 IE 技术。

（3）互利性。高效率生产方式的目的是通过寻求一种高效、舒适和省力的工作方法，在增加企业效益的基础上，最大可能地减轻员工的劳动强度。也就是说，高效率生产方式并不是资本家残酷剥削员工的手段，而是一种能够为企业节省劳动和提高效率的方法。因此，高效率生产方式也被企业称为是一种双赢的工作方法。

（4）技术性。企业实行成本计划管理，是为了能够确定企业员工的生产能力而进行劳动管理，也只是为了能够制定出企业员工劳动定额标准。之所以进行设备管理和生产组织活动，是为了能够挖掘出企业中设备的潜力和平衡生产线的能力以及能够有效改进车间布局、克服企业生产中的薄弱环节，同时能够顺利开展技术革新和生产合理化等工作。因此，高效率生产方式也被称为是企业管理的基本技术。

（5）通用性。高效率生产方式有一套思考问题的规则和工具，它的使用能够让企业中的班组迅速并且毫无遗漏地找到原因，从而让企业能够得出最有效的对策。高效率生产方式不仅适用于加工业的生产现场、办公室、仓库以及实验室，而且还适用于商业、服务业甚至是政府机关。也因此，高效率生产方式被大家认为是一种解决问题的通用方法。

二、高效率生产方式的要求

（1）高效率生产方式要求必须理论结合实际，而且其侧重点要放在实践上。其实这点要求是合理的要求，相信很多的企业都能够接受和使用，毕竟理论只是书上的一概而论，想要更好地运用，就要根据实际情况了解企业生产中的重点、深度以及广度，只有通过生产中的不断实践，企业才能体会到高效率的本质。

（2）高效率生产方式要求企业在使用过程中，要力争排除掉"浪费、勉强、不均衡"的作业方法或流程。对于制造型企业来说，最终由生产现场决定的是产品质量的好坏。因此，企业应当对生产现场体现出的"浪费、勉强、不均衡"的作业方法进行彻底的改善。也就是说，企业要站在生产现场的角度重新审视企业内部各部门的工作流程及方法。

（3）高效率生产方式要求企业必须非常重视员工的意见。班组作为管理者和作业者，必须非常重视员工的心理感受，告诉他们这种高效率生产方式是排除不必要的浪费，并不是压迫性地让员工迅速加快进度，这种生产方法是能够让作业者舒适而又快速作业或工作的方式方法。也就是说，只有排除和改善"浪费、勉强、不均衡"的作业动作，才能进一步削减工程，才能让企业的生产达到最佳效果。

（4）高效率生产方式要求企业建立起全体员工参与体系，创造出人人参与的氛围。通过这样的决策，建立起"一个人担当一个工位，全员发现浪费、不均衡作业，自己进行改善"的生产体系，让企业的全体员工都能够参与到改善计划中。

解决"窝工"现象

"窝工"现象在中国企业中是一个非常常见的问题，这是企业生产效率不高的一个显著的表现形式。"窝工"现象非常不利于企业生产，而且会给企业造成大量资源的浪费。因此，为了能够顺利解决"窝工"现象，班组必须要有效进行防止"窝工"的方法，也就是班组要进行有效的标准作业组合。

标准作业组合在企业中指在循环时间内，班组确定作业分配和作业顺序的手段。很多情况下，需要用图表形式把人和机械工作的时间标示出来，这样做的目的是便于班组进行目视管理。

标准作业组合中出现的循环时间指企业生产过程当中，一个产品或一个零件所必需的时间域，而且这个循环时间必须是由一天必要的生产数量和一天的实际劳动时间决定的，其换算公式：

一天必要的生产数量＝一个月必要的生产数量÷一个月的劳动天数

循环时间＝一天的实际劳动时间÷一天必要的生产数量

当标准作业的概念和循环时间班组都确定了之后，需要详细了解标准作业组合的内容。班组在进行标准作业组合的时候，需要把有关于生产所包含的作业顺序（用数字表示作业的顺序）、作业名称（需要班组填上有关生产机械的编号和手工作业内容）、时间（在按零部件分类的能力表上记录手工作业时间、自动运送时间）、作业时间（分别用线段表示：实线表示手工作业时间、虚线表示自动运送时间、波浪线表示步行时间）以及循环时间都表示在一个表中，以便于阅览。

综上所述，班组在编制标准作业组合的时候，需要遵循以下步骤：

（1）计算出正确的循环时间，并以此在作业时间轴上用红线画出。

（2）事先确定一名作业人员能够操作的工序的大致范围。

（3）按照"按零部件分类的能力表"上的记录，正确地累积计算出全部作业时间，用与第一步用红线画的循环时间几乎一样的长度表示出来。

（4）确定最初的作业，把手工作业时间和由机械设备进行的自动运送的加工时间填上。

（5）确定第二步作业。必须注意以下事项：工序的顺序不一定和作业顺序相同；必须考虑机械设备和机械设备之间的步行时间，如果有步行时间，用波浪线画进去；必须考虑质量检验时间；必须考虑安全预防措施。

（6）重复第四和第五步，确定所有的作业顺序。所有作业必须在下一轮作业循环的最初作业处终结。如果最后的返回点同循环时间的红线吻合的话，可以说这个作业顺序是合适的组合。如果最后的返回点在循环时间红线前面结束的话，则可以考虑是否追加更多的作业；如果最后的返回点超出了这条红线的范围，就必须考虑缩短超出的这一部分作业的方法。

（7）现场班组长要对完成的作业顺序亲自试验，在达到要求后才能培训员工，教会他们实践。如果不能达到要求，那就要对作业顺序进行修改。

处理计划延误的方法

班组在进行成本计划管理时，要有效处理好计划延误，只有完美处理好计划延误，才能保证成本计划管理顺利进行。

一、需要查出延误并且进行公布

在企业的生产过程当中，班组长要在生产班组每日的工作结束之后，总结一天全班组的工作情况，以方便自己能够随时了解是否有延误情况的发生或者出现。如果在这一天的工作当中，班组生产数量没有按照原计划完成，比原计划延误了几件，或者还有其他什么延误的出现，总之，不管出现何种情况的延误，班组长都必须要将所有的延误记录照实记下来。

班组在记录延误情况的时候，如果发现延误较为严重，已经影响到产品交货期或品质时，就一定要及时报告上司，以获取上司给予的具体指示，按照指示进行下一步工作。当然，班组长还不能忘了在次日的早会上也一定要进行通报，告知班组中的每一个员工昨天生产线上出现的延误情况，以此引起大家的注意，并且集思广益地找出改善的方法。只有这样，才能确保全体员工都能感觉到事情的严重性，引起员工的注意，这样，大家在继续工作时就会格外注意，在一定程度上改善了员工的工作态度。

二、班组要分析之所以出现延误的原因

当延误发现并且被公布之后，班组长要着手研究这次延误出现的原因。毕竟这样的延误出现在自己工作周围，只要稍加留意，班组长就能发现出现延误的原因，其实无外乎就这几种原因，像是停电、工具故障修理、新员工作业等。

当然，有时候可能原因不是这几种，当班组长真的找不到原因时，也要据实报告，绝对不能敷衍应付上司和员工，要和全体员工进行共同讨论，在讨论中告知员工"因为原因不明，大家可以在哪几个方面注意，如果大家有好的方案也可提出"。像这样的解决方法，才能保证因为一些不明原因引起的延误在员工中间得以完美解决。如果班组长只是敷衍应付上司和员工，有可能导致延误再次出现，会严重影响生产的进度。

三、班组要着手找出延误改善的方法

延误出现了，原因知道了，那么，班组长就要进行改善。毕竟很多人在很多的时候只注意查找的原因，而不是关注实施解决改善的方法，这会造成经常忽略对实施方法效果好坏总结的情况出现。针对这种情况，班组长要总结出对于改善延误哪些方法效果是比较好的，又有哪些方法是非常不好的。当这些都确定了之后，班组长就要把好的正确的方法进行记录，记入基准书、作业指导书或注意事项等相关文件中去。只有这样，才能使改善的结果恒久地延续下去，再出现此类问题时容易解决。

四、针对延误，班组要实施补救计划

当班组长确定了有关于延误的改善方法以及对策方案后，就要抓紧时间把这些做成补救计划。补救计划不是累积起来集中到某一个休息日进行加班生产来达到补救生产目的的计划，而是班组在正常的工作时间内完成的有关生产的补救计划。

各部门具体对策如表 2-3 所示。

表 2-3　各部门应对交货延期的改善对策

部门	改善对策
销售部	①用全局性、综合性的观点指导工作 ②改善销售职能运作方式 • 定期召开销售协调会议 • 培训销售部人员的能力 • 编制需求预测表 • 明确记录客户的订单更改要求
设计部	①编制设计工作的进度管理表 ②当内部能力不足时，寻求外界帮助 ③当无法按时提供合适的设计图纸，可预先编订初期制程需要的图纸 ④尽量避免在生产中期对图纸进行修改、更换 ⑤推进设计的标准化，提高设计的工作效率 ⑥设计分工明确、职责清晰
采购部	①采用 ABC 分析，实行重点管理 ②调查供应商、外协商不良品发生状况 ③对重点管理对象，采取具体有效的措施加以改善
生产部	①合理进行作业配置 ②缩短生产周期 ③制订作业标准书，实现作业规范化，提高作业效率 ④加强培训和教育，提高员工积极性

第三章 采购成本管理：抓住成本重心，降低采购成本

第一节 班组采购成本控制的内容

采购成本的构成

在班组长的成本管理中，班组生产所需原材料、辅料等物资构成的采购成本主要包括采购物资的维持成本、订购管理成本以及采购不当导致的间接成本。

一、订购管理成本

订购管理成本指的是企业的班组长在进行物资采购的时候，要详细填写请购手续费，保证采购的价值，争取做到物超所值。同时，班组长还要详细地计算好进货验收成本以及进库成本。当然还有其他成本，只要是成本，班组长都要对其进行订购管理。

二、材料维持成本

材料维持成本指在物资采购完成之后，班组长还要明确对这些采购物资进行维持的费用，以及搬运支出费用和仓储成本，当然还不能忘了折旧及陈腐成本，这些需要班组长进行一个详细的计算，争取把成本费用降到最低。

三、采购不当导致的间接成本

采购不当导致的间接成本指班组长在采购物资的过程中，因为采购过早、安全存货、延期交货、失销以及失去客户等造成的采购成本上涨，这需要班组长有一个合理的安排和计算，让这些间接成本最大程度地压低或者不出现。

采购成本的预算

对于企业而言，班组长们在进行采购成本控制时，必须要加强采购成本的预算管理，这个时候要求班组长能够熟练掌握采购成本预算的编制方法，以便于配合企业的预算编制人员进行本班组的采购预算编制。而采购成本预算的编制方法主要包括以下几种。

一、固定预算

固定预算比较适用于在一定范围内相对稳定的班组预算项目，是企业班组长根据预算期内正常的、可实现的某一业务量水平进行编制预算的方法。虽然简便易行、较为直观，但是因其机械呆板、可比性差，不利于正确地控制、考核和评价采购预算的执行。

二、弹性预算

弹性预算比较适用于采购数量随着业务量变化而改变的采购，适用于市场价格及市场份额不确定时，是指在按照成本（费用）习惯性分类的基础上，根据量、本、利之间的依存关系，以计划期内可能发生的多种业务量水平为基础，分别确定与各业务水平相适应的费用预算的方法。弹性预算有利于客观地对预算情况进行考核、控制及评价，避免了由于班组业务量变化而对预算的频繁修订。它可以反映不同业务情况下所应支付的费用水平。但是其可操作繁杂，工作量大。

三、增量预算

增量预算编制方法简便、容易操作，是在上期成本费用的基础上，根据预计的业务情况及企业经营管理需求，调整有关费用的项目的预算方法。增量预算比较适用于由于某些计划采购项目的实现而相应增加的支出，唯一的缺点是，增量预算在使用过程中，会使预算中的某些不合理因素得以长期沿袭，容易让班组产生在资金上的浪费。

四、零基预算

零基预算，方案工作重点明确，合理、有效地进行资源分配，是以预算起始日为零起点，从实际需要角度逐项审议预算期内各项费用的内容及开支标准是否合理，在综合平衡的基础上编制费用预算的方法。有助于培养各班组员工的投入产出意识，降低各班组资金浪费率。适用于大部分的预算项目，但也有其不足之处：个别管理人员难以接受；工作量较大，费用较昂贵；预算分配极具主观性，容易引起企业内部矛盾；容易忽视企业长期利益。

五、定期预算

定期预算适用于服务性质的、经常性采购项目预算，是以不变的会计期间作为预算期的预算编制方法。多种情况下该期间为一年，并与会计期相对应。预算期内与会计年度相配合，便于考核和评价预算的效果。但是，定期预算跨期长，具有盲目性和滞后性。

六、滚动预算

滚动预算有助于根据前期预算的执行情况及时调整预算，是指在编制预算时，将预算期与会计年度脱离，且随着预算的执行不断地补充预算，逐期向后滚动，使预算期间始终保持在一个固定的长度，一般为 12 个月。滚动预算也有助于保证采购支出的连续性和完整性，充分发挥预算的指导和控制作用，适用于规模较大、时间较长的工程类或大型设备采购项目预算。但其操作复杂，工作量大。

班组长应对每种方法都熟练掌握，并能灵活应用。班组长应当根据班组所需采购项目的类别和特点选择合适的预算编制方法，使编制的预算更加准确，符合实际需求。同时，对各种编制方法的优缺点及使用范围对比情况进行详细了解，以便于班组更快地做出选择。

采购成本的核算

企业针对采购成本应该建立起完善的核算制度，以确保班组长在面对各类采购成本、费用的时候能够准确地进行核算，从而为采购成本控制提供重要的依据。加强采购成本核算控制的主要措施包括四项。

一、记录各项资金和物流

班组长要对财务部、采购部、仓储部、生产部全面真实地记录，反映企业采购各环节的资金流和物流状况。

二、科学设定科目

班组长应掌握财务部科学设定的与采购会计处理有关的科目，包括原材料、包装物及低值易耗品、在途物资、应付账款、应付票据、预付账款、应交税费等科目，只有掌握了这些常用物资的归属科目，才能进行采购成本的核算。

三、选择合理的核算方法

班组长要掌握常用的采购成本核算方法，包括品种法、分批法、分步法、分类法和 ABC 成本法等，会计人员应选择合适的成本核算办法，同时班组长还要提出合理建议，全面核算采购成本。

四、全面核算采购成本

班组长在会计和采购人员统计采购成本时，不仅要记录显见的物资获得成本，还需将物资的持有成本也计算在内，从而顺利计算采购总成本。同时，班组应加强采购成本高的物资管控工作，认真掌握各项核算措施，配合财务部及采购部做好核算工作。

采购成本控制的流程、制度及方案

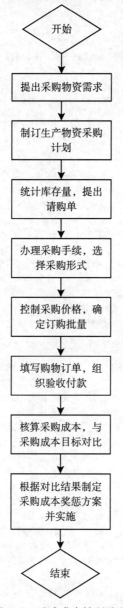

图 3-1　采购成本控制流程

表 3-1 采购成本控制制度

1. 目的

为了加强采购成本管理，降低采购成本消耗，提高企业的市场竞争力，现特制定本制度

2. 范围

采购部采购成本控制

3. 采购成本的构成

采购成本包括维持成本、订购成本及缺料成本，不包括物资的价格

4. 采购成本控制要点

企业采购成本控制包含对采购申请、计划、询价、谈判、合同签订、采购订单、物资入库、货款结算等采购作业全过程的控制。采购部应结合企业的具体情况明确采购成本控制关键点

（1）确定最优的采购价格

（2）确定合理的采购订货量

（3）采购付款控制

5. 采购成本控制的管理职责

（1）成本控制部部长具体负责指导、监督采购成本控制工作

（2）采购部成本控制专员负责采购成本具体控制工作

（3）采购部其他人员及其他部门需配合执行采购成本控制规定

6. 采购订货量控制

（1）仓储部库管员应每日填写物资库存日报表，反映现有存货物资的名称、单价、储存位置、储存区域及分布状况等信息，并及时将此信息报送给采购部

（2）采购部应要求供应商或第三方物流的库房保管人员通过传真、电子邮件等方式，及时提供已订购物资的未达存货日报表

（3）采购部根据各部门采购申请制订采购计划时，应在充分研究同期的采购历史记录、下期的销售计划的基础上，协助物资计划人员确定最佳安全库存

（4）采购部协助仓储部根据物资采购耗时的不同及货源的紧缺程度等，借助历史经验估计、数学模型测算等方法确定安全库存量

7. 采购价格控制

（1）采购部实施物资采购时需填制"采购申请表"，"采购申请表"中的价格要严格执行财务部核定的物资采购最高限价

（2）采购方式包括招标采购、供应商长期定点采购、比价采购等。采购部应将各种采购方式进行对比，找出成本最低的采购形式组合，降低采购成本

（3）采购部在确定采购价格时，可遵循询价、比价、估价、议价四个方面

（4）如果实际物资采购价格低于最高限价，企业将给予经办人一定比例的奖励；如果实际采购价格高于最高限价，则必须获得财务部核价人员的确认和总经理的批准，同时给予经办人一定比例的罚款

8. 采购入库及付款控制

相关人员办理采购物资入库时，到库物资必须符合采购订单要求和经质量管理部检验合格，否则不准入库。必须同时满足以下两个条件，否则仓储部一律不予受理

（1）采购物资登记入账时，价格、质量、数量、规格型号须完全符合采购订单的要求

（2）支付物资采购费用时，必须同时满足：已经列入当期货币资金支出预算；双方往来账核对无误；"付款申请单"已经财务部经理签字批准，否则财务部一律不予付款

9. 附则

（1）本制度由成本控制部负责制定、修订和解释

（2）本制度自公布之日起执行

表 3-2　采购成本控制的方案

1. 目的

为了能够保证企业的采购行为始终处于企业的控制当中，确保采购的物资高质量、低价格，降低企业的物料采购成本，增加产品的利润为目的，特制订本方案

2. 适用范围

适用于企业所有的采购项目

3. 采购成本分析

采购成本分析指企业对供应商所提供的报价进行成本估计，逐项审查、评估，求证成本的合理性。成本分析包括直接材料成本、工艺成本、所需设备及工具、直接及间接人工成本、供应商行业利润等

4. 采购费用的分析

（1）物料订购费用是指企业为了实现产品的采购而进行各种活动所产生的费用，包括：请购费用（指进行物料请购时所发生的人工、办公用品等的费用）、采购费用（指采购人员进行选择供应商、招标、采购、通信联络等事宜活动时所发生的费用）、验收费用（指物料进库前所发生的人工、检验仪器、仪表等费用），以及进库费用（指物料进入仓库时所发生的搬运费用）

（2）缺料费用指由于物料的供应中断造成损失时所发生的费用，具体包括安全存货费用（指企业为了保证生产的连续性提前进料所发生的费用）、延期交货费用（指当物料发生延期交货时，所带来特殊订单的处理费用及送货费用）和失销费用（指物料的供应延期，企业失去产品的销售机会和客户承诺时所产生的费用）

（3）物料维持费用是指企业因保持物料而发生的费用，包括资金费用（指物料品质的维持所发生的费用）、搬运费用（指搬运或装卸物料时所发生的费用）和仓储费用（指保存物料时租用仓库及进行仓库管理所发生的费用）

5. 建立标准的采购价格

企业的财务部根据市场的变化和历史资料及收集的产品费用制定重点物料的标准费用，并将采购的价格与物料的标准费用进行对比，当采购价格过高时，企业要及时调查原因

6. 加强对采购人员的管理

建立采购人员行为规范制度，对采购人员的日常行为做详细的、具体的规定，划分采购人员具体职务，防止不同权力集中到一个人身上。同时还要加强对采购人员的考核，采用重奖重罚的策略，并采取一位到底制。当然最重要的一点是，企业要对采购人员经手的采购物料凭证应详尽地记录并妥善保管，一旦出现问题，能够迅速追究到底、责任到人

7. 附则

（1）本方案由成本控制部负责制定、修订和解释

（2）本方案自公布之日起执行

第二节　班组物料采购成本的控制

物料采购成本控制关键点

在采购成本中，物料采购成本是企业流动资金的主要组成部分，也是企业所生产产品成本的主要组成部分，班组一定要严密地控制好对物料成本的管理，只有这样才能保证采购总成本得到控制。因此，班组长必须认真掌握物料采购成本控制的关键点。

一、编制及执行采购计划与预算，明确采购底价

班组长在准备采购之前，首先要确定此次产品生产所需物料，编制出此次采购计划与预算。同时，班组长还应当确定合理的采购底价，然后上报财务部审核，在审核通过之后执行，以此控制物料采购的价格，确保企业能够以较低的价格获得物料。

二、控制订购批量，明确物料消耗定额

班组长要做到合理选定订购数量，应依据生产物料特点、物料需求及供应商供货情况等和物料库存成本、采购费用、采购的价格等因素，之后才能确定下订货批量，并且班组长还要审核每次采购的数量，降低物料采购的综合成本。

而且，因为产品在生产过程中一定会伴随产生物料消耗，班组长针对这种情况应想方设法地减少物料的消耗，这样才能在一定程度上降低物料采购量，从而顺利地降低采购成本。

班组长都知道，物料消耗量的多少，都取决于物料消耗的定额。因此，班组长一定要明确物料的消耗定额。

物料消耗定额一般分为主要原材料消耗定额、辅助材料消耗定额、零件材料以及其他各类用途材料定额和电力消耗定额四种。

主要原材料消耗主要包含三部分，分别是有效性消耗、工艺性消耗、非工艺性消耗，只要这三项的消耗定额能够确定，那么主要原材料消耗定额就能明确。而有关于辅助材料消耗定额则包含五个方面：按照产品重量或面积来确定，比较适用于电镀、油漆等生产工艺中的辅助材料；按单位产品来确定，比较适用于产品产量与消耗量成比例的辅助材料；按设备开动时间来确定，比较适用于设备开动时间与消耗数量成比例的辅助材料，如润滑油、冷却液、磨料等；按工种来确定，比较适用于按工种发放的劳动保护用品，如工作手套、工作服等；按主要原材料消耗定额的比例来确定，则适用于与主要原材料成比例的辅助材料。

有关于电力消耗定额的确定，则需要班组长根据电力在企业生产中的作用来确定。也就是说，班组长完全可以根据机械设备的用电量和电动机的电力确定电力消耗定额。零件材料以及其他各类用途材料定额的确定则可以根据主要原材料消耗定额、辅助材料消耗定额和电力消耗定额的确定方法。

原材料采购成本控制方法

班组长有关产品生产所需原材料采购成本的控制方法包含以下内容：

一、影响原材料采购成本的因素与控制措施

1. 采购前期费用

在很多的企业中，一旦生产计划要求的原材料供应计划确定以后，供应部门就要着手开始采购活动，主要包括市场调查、信用评估、质量评审、见面洽谈以及派出人员现场调访等。这些工作会发生费用，而且有关这些工作的费用如果控制不好，就会出现信息失真、质量不佳、差旅费用过高等更让人头疼的问题。因此，班组长要学会广泛利用网络、电视、报刊等媒介，迅速而有效地发布和查询市场信息，这样做不仅能够充分掌握市场信息，而且还能够有效减少前期费用。

2. 质量特性

不同产品所用的原材料质量等级不同，同一产品不同部位使用的原材料

质量等级也不同，可按其质量特性高低划分为 ABC 等级进行分类管理。对 A 类原材料进货质量进行严格控制，对 C 类原材料进行一般控制，并以适当的合约形式采用替代品，对偶然需要的 C 类物资不单独采购，而以 B 类、A 类物资替代，或以 C 类具有同样功能的其他材料替代，如用甲苯代替香蕉水作有机溶剂等。

3. 采购批量

企业生产宏观的连续性和微观的周期性，决定了企业持续而且批量采购，采购次数越频繁，储备资金越低，资金周转率越高，但采购前期费用和采购价格会越高。因此，可以根据企业规模、产品数量、质量特性等因素确定经济采购批量，寻找综合成本最低点。

4. 采购价格

采购价格直接决定了原材料的采购成本。一定量的产品，最终所需的原材料数量是一定的，因此采购价格的高低，极大地影响了产品制造成本。采购活动中经常出现的价格差异，是供应者与采购者的市场信息不对称所致，供应者凭借较为充分的相关信息，常常占据较大的优势。但企业通过招标采购，将隐蔽的权力公开化，将集中的权力分散化，利用不同供应者之间的竞争，可以极大地扭转劣势，并从中获取价格利益。

二、影响原材料使用成本的因素控制

1. 余废料

如前所述，原材料采购是成批量的，但生产过程中材料是按一定尺寸、一定数量使用的，这样，就产生了余料。此外，由于某个部件报废导致整台产品报废而产生了可用的废料，通过余料或废料改用可有效提高材料利用率，降低材料成本。

2. 库存量

理想的企业在完善的市场环境中，本身不需要库存而是"零库存"，通过签订适当的合约来约束供应商，满足自己的原材料需求。但现实中的不确定因素往往导致无法预料的风险，因此，必须按照以销定产、以产定购的指导思想，合理安排生产作业过程中原材料的库存量，防止不必要的超储积压或资金沉淀。

3. 信息相关性

由于存在市场信息传递渠道不畅通和收集手段的局限等问题，企业决策者和财务核算人员往往得到的信息是滞后的。比如贵金属市场价格起伏波动，由于信息滞后经常造成对价格审计的偏差，这要求采购人员和财务人员配合，将成本信息在丧失其对决策的影响之前提供给信息使用者，以便在最有利的时机进行采购与使用，达到降低成本的目的。

4. 存货计价

企业根据各类存货的实际情况，确定存货的实际成本，可以采用个别计价法、先进先出法、加权平均法、移动平均法和后进先出法等。在实行稳健的会计原则时，经常采用后进先出法；在强调税收利益时，一般采用先进先出法。要正确考核经营成果，尤其考虑到经济效益指标对上市企业股价的影响时，不能单独采用后进先出法，而应分类采用各种计价方法，真实核算材料成本。

降低企业成本水平对于班组长来说是一项非常长久的任务，为了能够有效地进行管理和创新，工业企业在原材料采购与使用成本控制上确实存在很大的空间。企业可以通过多部门的全员参与，最大限度地贴近市场，增强市场风险意识，积极探索财务管理方法，达到对原材料采购与使用的合理控制。

辅助材料采购成本控制方法

辅助材料指在生产中不构成产品的主要实体，却又必不可少的辅助性消耗材料，因此又被称为"副料"或者"副资材"，辅助材料包括手套、胶水、油脂、封箱胶纸等。

在生产过程当中，每台机器要用的主材料都是有用量限制的，但是辅助材料，用量多少却没有定数。但是又因为是辅助材料，一旦短缺或者变质，就会给生产造成很大麻烦。

因此，班组在进行物料采购成本的控制时，对于辅助材料的采购成本也要全面掌握，以防止在生产过程中出现差错。

一、对辅助材料的存量进行控制

因为在生产过程中的辅助材料多数都能直接从市面上采购，非常方便快捷，也因此，很少有企业进行大量库存。但是，还是有一些专门的材料，需要进口或者必须从特殊渠道采购的，如设备专用油脂、无水乙醇等，它们需要根据使用量和采购周期设定安全库存，防止短缺。不管辅助材料是否有专人管理，都要通过台账明确记录名称型号、供应商（名称、地址、电话）、使用量、采购周期、最低库存等相应内容，只有这样做才能使管理更加便利。

二、辅助材料的使用管理

1. 对辅助材料使用量进行控制

班组要想管理好辅助材料，首先一定要清楚辅助材料的使用量。哪些产品使用，台用量多少，月用量多少，这些一定要清清楚楚，并尽量反映在台账中。

2. 厉行节约，简化领用手续

即使是辅助资材，班组在生产的过程中也不能毫无节制地滥用。可以根据用量定额发放或者采用以旧换新的方法，防止浪费；对于一些影响环境的物品（如电池、氰化物），还要做好回收工作。严格管理辅助材料，防止浪费是班组必须要做的。

三、辅助材料的库存管理

1. 合适的存放方法和场所

班组要根据材料的不同特性决定不同的存放方法和场所：易燃、易爆物品存放在专门仓库；纸张类要在干燥的环境里存放；试剂、溶液有的要存放于阴暗的低温环境中，有的需用玻璃瓶盛装等。这些都是班组长必须要清楚的。

2. 确定保管期限

很多企业中都存在这样的情况：购买部门为了省事，往往喜欢大量订购辅助材料。有的辅助材料（如胶水、密封圈等）会随着储存时间变长而变质，这样的辅助材料用到了产品后往往引起质量问题，所以，班组对某些辅助材料也要与零部件一样管理，控制库存时间。

3. 安全库存警示

因为辅助材料几乎人人都用，短缺往往会影响生产，因此，需要设定安全库存警戒线，让每个生产班组的员工十分清楚各种辅料的使用情况，方便通知采购人员订购各种辅料。库存警示的方法包括警戒线、提醒牌、报警装置等。

生产废料采购成本控制方法

生产废料，顾名思义是指在生产过程中报废的物料，包括没有价值的物料和还存在利用价值的物料。

众所周知，只要是进行生产，就一定会产生废料，但是产生废料的多与少、废物回收再利用率的高与低，企业在生产过程中是可以控制的。也就是说，只要班组在产品的生产过程中，能够有效地减少废料的产生，不断提高废料的再利用率，就能够帮助企业节省一大笔资金。因此，班组一定要详细了解生产废料采购成本的控制方法。

一、了解废料的产生

在生产过程中，废料的产生无外乎几种情况：拆解产品的时候，会产生很多没有利用价值的零件和包装物料，这些无利用价值的物料也就成为了废料；很多生产物料由于长时间被搁置，会因为潮湿、氧化而变得陈腐不堪，失去了本身的使用价值而成为了废料；进行产品生产的设备都有着一定的使用期限，当其过期之后，就会直接变为废料；在生产过程当中，因为物料不可能被完全利用，因此会产生边角料，像是钢材、布匹的裁剪产生的边角料直接成为了废料；生产中不符合规定的制成品也会成为废料；长期积压在库房几乎不利用的物料。

以上这些都是废料产生的来源，但是一时的不能被利用，不代表就没有再被利用的价值。因此，班组一定要找到废料再利用的方法，从而节省企业开支。

二、对废料的产生进行预防

（1）裁剪物料的过程当中，一定要让物料的使用率达到最高。

（2）加强物料的保管，尽量避免物料与酸碱、潮湿直接接触，减少物料陈腐、锈蚀的出现。

（3）定期对生产所用的机械设备进行保养和维护，延长机械设备的寿命，减少由于对机械运行不当而造成废料产生。

（4）巧妙合理地利用边角料，让边角料发挥出最大的价值。

班组妥善处理废料就是帮助企业控制采购成本。对企业而言，废料就是利润，只要班组能够帮助企业提高废料的利用率，就能够让企业轻松降低采购成本。

第三节　班组设备、仪器采购成本的控制

零配件采购成本控制方法

班组在进行设备、仪器采购成本的控制时，首先需要开展对零配件采购成本的控制，其方法有加强零配件定额使用管理和设置专人对零配件进行管理等。

一、推行零配件定额使用制度

（1）定期统计零配件实际耗用数量。零配件管理人员定期（每周、每月）到生产现场收集每件产品实际耗用每种零配件的数量，并进行统计，然后将统计结果报告班组长。

（2）控制零配件使用量。班组长分析零配件使用统计报告，将其与零配件使用定额进行比较，确定下一步改进计划及措施，不断改善班组零配件使用管控工作，节约零配件采购成本。

（3）制订零配件需求数量计划。班组长根据生产计划，确定相应的零配

件需求数量，报采购部。采购人员应根据需求数量、库存数量及其他实际情况，制订采购计划，采购零配件。

二、推行零配件专人管理制度

（1）统计零配件日用量。零配件专职管理人员应在每日定时走访各班组及生产岗位。查验零配件的使用情况，在下班前将其登记在"零配件使用日报表"中。

（2）及时上报当日班组剩余零配件。零配件专职管理人员若在下班前的走访中发现限额领用的零配件有剩余，应立即上报车间主任，由车间主任调查情况、分析原因，制定相关措施。

（3）指定专管零配件的人员。企业应制定专职人员负责生产零配件的保管、派发、统计等工作。

（4）控制零配件的派发量。零配件管理人员应按照企业相关制度，根据生产任务单中产品的使用限额确定零配件的使用限额，并按照限额进行发放。

设备采购成本控制方法

班组在进行设备采购成本的控制时，有很多可以采用的方法，不过最主要的是从控制设备订购成本及做好设备维修保养工作两个方面开展的。

一、做好设备市场的调研与分析

班组进行设备采购的时候，首先要了解设备市场受经济环境、国民经济发展及国际原材料价格状况等外部环境和国家产业政策取向、行业发展和机构调整等国家宏观调控的影响。再据此对国家的宏观经济形势和影响设备采购的相关政策进行深入分析及预测，摸索材料价格的规律并以此作为指导设备采购的标准和依据。

然后，班组要对设备及材料做好前期市场调研、分析和研究，计算出原材料成本、人工成本、机械费用以及管理费用、税金等，运用成本管理的工具进行结构分解，总结出较详细的成本分析报告，以此作为指导设备采购工作的资料。

二、抓好设备采购计划管理

各生产部门及班组应根据实际所需提出合理、准确的设备采购申请，采购部统计、审核各生产部门及班组的设备采购申请，制订设备采购计划。毕竟，采购计划管理是设备管理的关键所在，在设备采购管理中具有承上启下的作用，既要组织、协调采购人员、仓储管理人员，又要联系需求部门，保证设备采购计划的准确度。因此，只有提高了设备采购计划的准确性，才能避免设备出现错购、漏购等现象，减少不必要的库存积压等现象的发生。

三、建立供应商评价准入制度

企业只有建立严格的供应商准入和淘汰机制，才能提高设备采购决策的科学性，从而有力地控制好设备采购成本。因为只有企业成立起供应商评价机构，制定供应商评价准入制度，建立完善的供应商评估指标体系，优化供应商选择机制，才能顺利地整合供应商信息，搭建完备的供应商数据库，实现信息共享。

四、选择合适的采购方式和方法

班组应根据生产所需设备的规格和型号、材料质量要求及时间要求等，选择合理的采购方法方式。因为设备招投标工作中主要运用最低标评价法、综合评分法、价值系数法等，并成立评标专家组，坚持以集中采购为主，针对不同设备采用公开招标、邀请招标、竞争性谈判采购、询价采购、定点采购等灵活多样的采购方式。

五、加强专业设备管理人员培养

采购团队必须包含不少于一定数量的生产作业人员，以保证采购的设备符合生产的实际需求及要求，降低采购不适合设备的风险，节约采购成本。设备管理人员不仅包括设备采购、维修保养人员，还应包含企业各生产部门班组的设备使用人员。企业应建立一支高素质、复合型、专业化的设备管理人才队伍，加强绩效管理，建立专业人员的选拔和培养机制，加大培训力度，全面提升设备管理人员的整体素质。

六、设备合同管理

企业应完善合同整理和存档工作，对设备合同管理工作进行监管。因为设备合同管理是设备采购工作的核心部分。但是由于目前设备均有供应商提供，因此企业必须加强合同管理，依据合同的有关条款对供应商供货的主要设备的交货计划进行控制，对于入库的设备依据有关规定进行质量检验，班组长更应配合设备管理人员做好原始记录和合同索赔的准备工作。

劳保防护用品采购成本控制方法

一、劳动防护用品的申购与采购控制

（1）企业采购部负责购置劳动防护用品，一定要争取做到"零库存"管理。

（2）企业必须在"劳动防护用品领用控制流程"的严格执行下申购及审批劳动防护用品。

（3）劳动防护用品的采购要谨慎，劳动防护用品需按有关规定购买，其材质、式样、颜色应符合 GMP 规定要求和生产要求。尤其是特殊工种的劳动防护用品，如电焊工的绝缘鞋、电焊手套等，必须按规定到指定的劳动防护用品厂商处购买，以保证安全可靠。

（4）采购人员购进的劳动防护用品要办理入库手续，凭"入库单"及发票到财务部办理报销手续。

（5）班组要想申购临时性生产用劳动防护用品，就必须填写"临时采购通知单"，经采购部经理签字后方可采购。

二、劳动防护用品的发放控制

（1）班组新员工的工作服、工作帽、口罩、手套等需要经常替换洗涤的用品，按本岗位标准发放两套（件），按两套（件）使用时间计算，以便替换。

（2）因特殊原因需要领用标准外劳动防护用品的，由班组长书面提出申请，说明用途，经行政部批准后，仓库方可发放。

（3）换发、领用劳动防护用品，应交旧换新。劳动防护用品使用期满后，能使用的继续使用，不能使用的凭班组长核准签名的"劳动防护用品领取申请单"及旧劳动防护用品一起交给仓库管理员办理领用手续。

（4）对从事多样工种操作的员工，按其岗位所需发放适合的劳动防护

用品。

（5）仓库管理员根据生产人员劳动防护用品发放标准进行审核，确认符合标准后再发放。

（6）下列人员不予发放劳动防护用品。

1）对于高温天气里未上班的人员不予发放防暑降温用品。如有多领或未上班而发放的，一经查实，将追究班组劳动防护用品领用人、班组长、仓库管理员的责任。

2）长期休病假、产假等未上班的人员不予发放。如有多领或未上班而发放的，一经查实，将追究班组劳动防护用品领用人、班组长、仓库管理员的责任。

（7）班组员工可根据岗位变化享受相应的劳动保护权利。工种改变以后，班组员工可按照新的工种标准领取劳动防护用品。

（8）对于特殊工种的劳动防护用品，其发放情况应由仓库管理员据实登记造册。

三、劳动防护用品的使用控制

（1）各区域的生产、工作人员需按规定穿戴符合 GMP 要求的工作服。

（2）员工在离开生产场地时，必须脱去工作服并换鞋，不得穿着工作服装走出生产区。

（3）员工必须爱护劳动防护用品，劳动防护用品的使用应在工作范围、工作时间内，不得另作他用。

（4）班组长、车间主任、质量监督员和工艺员应随时按安全卫生规定检查所辖范围人员的劳动防护用品穿戴是否符合规定、穿着的工作服是否符合卫生要求和标准，督促所辖人员严格执行，并有权按规定开立处罚单。

（5）因违反劳动防护用品使用规定造成工伤事故的，不予报销医疗费，误工期按事假处理。

（6）劳动防护用品的清洁必须按照安全生产卫生管理规定的清洗周期和清洗方法进行，由总务后勤指定专人对劳动防护用品的卫生情况进行检查，保证符合安全、卫生规定。

四、劳动防护用品的回收管理

（1）对于未达到使用期限，因人为原因造成破损、污迹的劳动防护用品，仓库不予回收，由员工个人按折后价格予以赔偿。

（2）仓库管理员对回收的旧劳动防护用品，能继续使用的，应妥善保存好，继续发放使用；不能继续使用的，应定期进行销毁处理。

（3）员工在本企业范围内调动或在本部门内变换工作岗位的，其劳动防护用品如适用，可继续使用不做更换；如不适用，需退回仓库，并按调整后的岗位标准另领所需劳动防护用品。

第四章 物料成本管理：高效利用物料，降低物料浪费

第一节 班组物料成本控制的内容

物料成本的构成

班组在了解进行物料成本控制的内容时，首先要了解物料成本的构成。因为物料成本是指企业在产品的生产过程中所消耗的物料成本，因此，其构成包含原材料和包装物等耗费的成本。

（1）原材料成本指班组在产品生产过程中所耗用的从库房领取的原材料以及产品所需主材料。

（2）辅助材料成本指班组在产品的生产过程中能够起到辅助作用，但却不是构成产品主要价值的消耗性材料。

（3）外购半成品成本指班组在产品的生产过程中从企业库房领用的外部购入的半成品的消耗。

（4）包装物料成本指班组在产品的生产过程中，用于对产品进行包装的各种包装容器，如桶、瓶、袋等。

（5）其他生产耗用的物料成本指的是班组在产品的生产过程中所耗用的其他直接或者辅助材料。

物料成本核算

物料成本核算如图 4-1 所示。

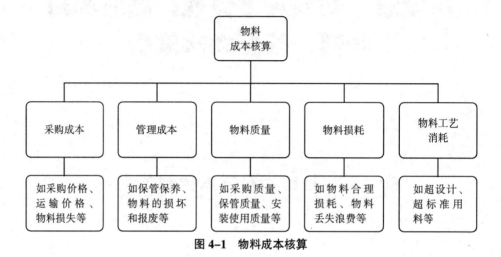

图 4-1　物料成本核算

物料成本控制

一、对物料与场所之间的管理

班组长在生产过程中，要对物料与生产工具做到"物尽其用"，这个"物尽其用"不仅包括物料使用价值的完全转移和发挥，还有关于物料使用价值的转移和发挥的效率，这里面还涉及"时间价值"和"时间成本"的概念。也就是说，如果物料的使用价值转移较慢，生产工具的作用迟迟难以发挥，必然就会造成班组延长生产的时间，从而提高了生产的"时间成本"或降低了产品的"时间价值"，这对于企业迅速把握市场是非常不利的。因此，班组长一定要做好物料与场所的管理。

二、分类管理

不同的物料在性质上和使用价值上存在着较大的差异，因此，班组长必须对物料进行分类管理。

（1）对生产现场一切易燃、易爆、有毒，容易造成污染和引起安全事故的物料要实行隔离和特殊安置，划分警戒区并派专人严格管制，防止意外事故发生。

（2）对留置在现场上的其他物料进行科学界定，将其划分为"有用之物"和"无用之物"。"有用之物"是参与生产过程，其使用价值有待转移的物料，这些物料是生产必需的，但也并非多多益善，要实行"零留置"管理。"零留置"管理并非一点都不留置，而是物料的多少要以满足生产的需要为限，多了可能造成闲置，而少了会影响生产的进度。

无用之物也不全都是废物，因此，不可一律将其作为废物处理，因为有的物料还有可能通过回收再利用而发挥潜能。

三、对人与物的管理

人、物料和机器设备等是企业生产过程中所必不可少的生产要素，而且人是其中最主要的，在生产过程中是具有能动性的第一要素，因此，班组长必须要做好人的能动性，做好对物料和机器设备的管理。

（1）班组长要定期做好生产设备的维护和点检工作，及时发现设备异常和隐患，并采取有效措施加以排除，避免因设备突发故障而影响生产或造成产品质量下降，要维持企业稳定生产。

（2）班组要对生产过程中产生的废料和垃圾及时处理，避免它们与有用的物料混合而降低后者的使用效果。同时，完工之后班组还要对现场进行系统清理，创造最佳的生产环境，使生产班组的全体员工能在生产环境中得到精神上的愉悦。

物料成本控制流程、制度及方案

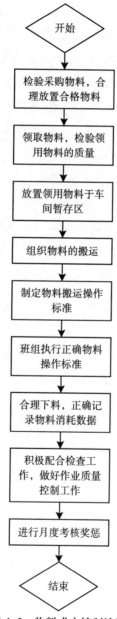

图 4-2 物料成本控制流程

表 4-1 物料成本控制制度

1. 目的

为了加强企业对于成本的管控，提高企业中有关仓库管理的工作水平，从而进一步规范物料的流通、保管和控制，确保企业财产物资的安全性，加速企业的资金周转，特制定物料成本控制制度

2. 适用范围

有关物料管理的部门

3. 物料管理原则

物料管理部门在对物料管理的时候，一般情况之下都要坚持 5R 原则：适时（Righttime）、适质（Rightquality）、适量（Rightquantity）、适价（Rightprice）、适地（Rightplace），这些原则对任何企业均能适用

（1）适时，即要求供应商在规定的时间准时交货，防止交货延迟和提前交货，供应商交货延迟会增加成本，这主要表现在：由于物料延迟，车间工序发生等待或耽误，减弱员工士气，导致生产效率降低、浪费生产时间；为确保生产交期，车间需要加班或在法定假期出勤，导致工时费用增加。因此应尽早发现有可能的交货延迟，从而防止其发生。同时也应该控制无理由的提前交货，提前交货同样会增加成本，主要原因：交货提前造成库存量增加，库存维持费用提高；占用大量流动资金，导致工厂资金运用效率恶化

（2）适质，即供应商送来的物料和仓库发到生产现场的物料，质量应是适当的，符合技术要求的保证物料适质的方法如下：企业应与供应商签订质量保证协议；设立来料检查职能，对物料的质量做确认和控制；必要时，派检验人员驻供应商工厂（一般针对长期合作的、稳定的供应商采用，且下给该供应商的订单达到其产能的30%以上）；不应将某个检验人员长期派往一个供应商处，以防其间关系发生变化；必要时或定期对供应商质量体系进行审查；定期对供应商进行评比，促进供应商之间形成良性有效的竞争机制；对低价位、中低质量水平的供应商制订质量扶持计划

（3）适量，采购物料的数量应是适当的，即对买方来说是经济的订货数量，对卖方而言是经济的受订数量。确定适当的订货数量应考虑以下因素：价格随采订货数量大小而变化的幅度，一般来说，订货数量越大，价格越低；订货次数和采购费用；库存维持费用和库存投资的利息

（4）适价，采购价格的高低直接关系到最终产品或服务价格的高低，在确保满足其他条件的情况下力争最低的采购价格是采购人员最重要的工作

为了达到适价这一目标，采购部门应该在以下领域拥有决策权：选择和确定供应商；使用任何一种合适的定价方法；对物料提出替代品。采购部门通常能够提供出目前在用物料的替代品，而且它也有责任请使用者和申请采购者关注这些替代品。当然，是否接受这些替代品由使用者或设计人员最终做出决定；与潜在的供应商保持联系。采购部门必须和潜在的供应商保持联系。如果使用者直接与供应商联系，而采购部门又对此一无所知的话，将会产生"后门销售"。即潜在的供应商通过影响使用者对物料规格方面的要求成为唯一的供应商，或是申请采购者私下给供应商一些许诺，从而使采购部门不能以最低的价格签订理想的合同。如果供应商的技术人员需要与企业技术人员或生产人员直接交换意见，采购部门应该负责安排会谈并对谈判结果进行审核

（5）适地，物料原产地的地点应适当，与使用地的距离越近越好。距离太远，运输成本大，无疑会影响价格，同时沟通协调、处理问题很不方便，容易造成交货延迟

4. 物料入库管理

（1）仓库的管理人员要根据供应商的送货单及采购部门下发的采购单来验收要进入库房的物料，对品名、规格、数量、质量、单价认真核对检验。验收过程中如果发现数量短码、质差、色差、单据凭证不符合要求等情况出现时，仓库管理人员要进行拒绝验收，并且立即将这一情况与采购负责人联系解决，如果出现重大问题时，更应及时向主管领导汇报

（2）验收合格后，仓库管理人员还要详细认真填写来料报检单，并交由品管进行检验，品管部检验合格后在来料报检单上签字确认，仓库管理人员凭品管部确认合格后的来料报检单及供应商的送货单填写进仓单。未经检验合格的材料不准进入货位，更不准投入使用，不合格材料放在暂存区域，同时应在短期内通知采购负责处理

（3）企业自身生产的产成品入库，应由车间主管或其指定人员填写成品入库单，由专人送交仓库，仓库管理人员凭车间开立的成品入库单仔细核对入库成品的品名、规格、数量，确认无误后在成品入库单上签字，并将成品按指定地点摆放整齐

（4）月收到的材料必须当月办理入库，这是仓库管理人员必须要做到的，但是因单价未定或其他原因不能办理入库的材料可以不用遵循这一原则

5. 物料储存管理

（1）物料的储存保管，原则上应当以物料的特点、属性和规划用途设置仓库，并根据仓库的条件考虑划分区域，凡吞吐量大、体积大的物料应落地堆放（如泡棉类），周转量小、体积小的物料应货架存放（如饰扣类）。落地堆放以分类和规格的次序排列编号，上架的以分类定位编号；存放必须做到过目见数，检点方便，成行成列

（2）仓库物资如有损失、报废、盘盈、盘亏等，仓库员不得采取"发生盈时多送，亏时克扣"的违规做法。因为仓库管理人员对库存、代保管、待验材料以及设备、容器和工具等负有经济责任。所以，仓库的管理人员坚决做到人各有责，物各有主，事事有人管

（3）仓库物料，未经部门主管同意，一律不准擅自借出

（4）保管物资要根据其自然属性，考虑储存的场所和保管常识处理，加强保管措施。同类物资堆放，要考虑先进先出、发货方便，留有回旋余地。

6. 仓库日常工作

仓库管理人员要服从企业的管理，努力配合生产部之生产领料及来料进库流程的施行

（1）仓库管理人员必须根据实际情况和各类原材料、产成品、半成品的性质、用途、类型合理设置各类物资的明细账簿、备查账簿和台账

（2）仓库管理人员要对每日发生的业务及时逐笔登记账簿，做到日清日结，并确保账簿中物料的进出及结存数据正确无误

（3）仓库管理人员要做好各类物料的日常核查工作，做到账、物、卡三者一致

（4）仓库管理人员必须定期进行各类存货的分类整理，对存放期限较长，逾期失效等不良存货，应按月编制报表，报送企业主管领导及财务人员，企业主管领导对各类不良存货提出处理意见，责成相关部门及时加以处理

（5）仓库管理人员应经常检查仓库安全，做好五防：防火、防盗、防潮、防爆、防腐蚀

7. 领料制度

（1）各类材料的发出，原则上仓库管理人员要采用先进先出法。物料（包括原材料、半成品）出库时必须办理出库手续

（2）对生产时损耗材料超出定额需再次领料的，应由车间主管（或其指定人员）开具超领单，经主管领导审批后仓库方可发料

（3）车间领用的物料必须由车间主管（或其指定人员）统一领取，领料人员凭车间主管（或其指定人员）开具的领料单向仓库领料，其他部门只有经主管领导批准后方可领取。仓库员应核对领料单上物料的名称、规格、数量、订单数量，核对正确后方可发料，对超额领料的，仓库员有权拒发材料

（4）对于领料单没有领料人和主管领导签字或是无完备手续者仓库管理人员有权不予发放

（5）打样、试验等领用材料时，应由品管部或技术部相关负责人填写领料单，经主管领导审批后方可发料

8. 附则

（1）本制度由成本控制部负责制定、修订和解释

（2）本制度自公布之日起执行

表 4-2　物料成本控制方案

1. 目的

为了降低产品生产成本，不断提高企业全体员工控制成本的积极性和激发全员的成本控制意识，实现物料的合理化消耗，特制订物料成本控制方案

2. 适用范围

各生产部门主要物料及重要辅助物料的消耗

3. 考核目标

（1）因生产条件变化或标准单耗已严重脱离实际生产，成本中心每三个月将对标准单耗按三个月实际单耗进行调整

（2）企业中的各部门必须采取积极有效的措施方案，确保物料单耗在目标单耗的控制范围内

4. 考核方法

以企业现定标准定额为考核目标，超过则按实际超耗数量计算罚金，节约则按降低部分计算奖金

5. 奖惩制度

奖惩公式：单项物料奖罚金额=（产量×考核目标−实际耗用）×奖罚单价（按 PCS 平方尺计算产量）计算结果为正数则为节约奖励；负数则为超标处罚

奖惩原则：①奖金、罚金总额的分配，员工占 70%，部门管理人员（包括组长、助理、主管）、QA 共占 30%；②管理人员按部门奖金、罚金总数的 30%核算，员工按各单项奖金、罚金的 70%核算到各物料使用人员

具体办法：①考核部门自行制定内部分配奖金或罚金的细则，奖、罚分配方案必须一致，但不得与本方案相抵触；②凡由供应商承包的物料消耗不列入考核；③成本中心每月制作材料核算表提供被考核部门的各单项材料奖罚总金额，如果是奖金，则当月发放到相关部门，由部门负责人统一分配，如果是罚金，则保留到下月，两个月一起统计后如再是罚款，则由成本中心与该部门负责人统计罚款人员名单，上交财务，由财务部在被罚人员当月工资里扣除；④各部门管理人员如未及时总结物料超标教训、未采取控制措施、未提出改善方案，将扣除其当月奖金的 10%，以对其物控无作为的处罚；⑤成本中心每月初召开物控会议，各部主管就每月超标前三项物料、节约前三项物料进行原因分析或经验总结报成本中心，成本中心负责推广；⑥因前工序出错、生产计划更改、不可抗拒原因导致物料超标耗用，可报最高负责人审核，经理批准，酌情减免罚金；⑦凡当月生产情况发生较大变动时，方案考核部门应书面知会成本中心，由成本中心召开相关会议讨论并做出相应的调整

6. 附则

（1）本方案由成本控制部负责制定、修订和解释

（2）本方案自公布之日起执行

第二节　班组物料领取和使用成本控制

领取物料过程中杜绝浪费

班组在生产过程当中，对物料的领取有一定的规定：班组的成员在领取物料的过程中一定要做到杜绝浪费。为了企业顺利地降低生产成本，进一步规范物料的领用及相关程序，提高物料利用率的目的，班组制订了以下规定：

一、物料领用的定义

班组将物料的领用分为限额领料和非限额领料。

（1）限额领料适用于可以进行量化的物料（板材、实木、木皮、原木、封边带、油漆、五金、劳保用品等）。限额领料又可分为按单领料（是指对于限额领用的物料每次领料按生产计划单的单据号集中领料，避免零星、多次地领用同一款或同一手单的材料，提高工作效率）和按月领料（按月领料主要是对于劳保用品的领用，在本部门制订的相关规定的指导下，在每月确定日期领料）。

（2）非限额领料在原则上严格实行限额领料，目前情况下比较难以量化的物料（设备工具、油漆部分辅料、砂纸等）实行非限额。

二、物料领料的相关要求

根据每个企业不同生产车间所面临的员工工作的实际情况，班组应再结合成本管理部制订的物料领用管控表，提前一天填写领料单，指定专人交予本部门相关负责人核算，次日再拿领料单打机制单到仓库领料，仓库员须严格按照相关数量和要求进行发料。

领料单的填写要求：领料单需正确填写领料部门、生产单号、物料名称、规格数量、单位、注明物料用处等，在部门主管签字后，交给部门最高负责人。对于实行限额领料的物料领料部门无须填写物料的数量，数量由各部门相关负责人核算出。

三、物料发放依据

（1）原木领用主要依据是生管部发放的生产计划单，包括生产计划包括特殊性生产计划和正常生产计划。特殊性生产计划是由生管部提供计划量，相关领导签字后，再进行领料的非常态、临时性的生产计划；正常生产计划是根据生产计划单和物料管控表核算出的板材数量，结合原木利用率得出原木领用量的常态性的生产计划。

（2）工件模板和垫板的板材领用需企划部提供模板和垫板图纸，部门核算后再领料。

（3）板材领用依据生产计划单、图纸和材料清单，绘制出裁板图，再根据裁板图核算板材用量。

（4）封边带领用依据生产计划单和材料清单，以每边40毫米的余量确认封边带的用量。

（5）木皮领用是依据木皮利用率核算木皮用量之后进行领用的，属于生产预计划，在生管部提供预计划后进行，此属于生产预计划的板材贴皮，而且木皮领用和相关板材领用也可以同时进行。

（6）胶水根据生产计划单和相关部门提供的胶水配比以及单位面积胶水用量核算板材用胶量以及拼板胶、指接胶的用量。

（7）五金根据生产计划单和配件清单，核算每款家具配件的用量。

（8）实木领用是结合实木相应的利用率核算用量，依据班组生产计划单和材料清单。

（9）包材是根据生产计划单、包装图及包装箱规格排列表核算包材用量。

（10）油漆领用根据生管部提供的生产计划单、企划部提供的材料清单、相关部门提供的不同气候条件下的配比，以及单位面积修色剂、格里斯、底面漆等的喷涂量，结合油漆利用率核算油漆用量。

（11）设备工具领用分为按需领料、借用制、以旧换新三种方式：

1）按需领料指设备维修需用的耗材和新的安装物品，领料需注明用途和安装地点，相关负责人通过加强现场管理以杜绝浪费。

2）以旧换新指班组对于生产线上和设备维修人员每天或经常使用的工具，实行一次领用，建立档案，自行保管，离职返还，非人为损坏以旧换新。

3）借用制指班组对于不常用的工具和特定批次的铣型刀具等，由仓库负责借用。

（12）劳保用品指班组对于生产线上员工所需的口罩、围裙、套袖、手套等，根据不同岗位不同需求，制订出的劳保用品领用明细。

（13）砂纸和易耗品的实行其实也是以旧换新，各生产部门的领料人员在领料前和各部门相关负责人进行废旧物料数量上的确认，之后退回仓库换取同等数量的物料。各部门相关负责人要加强现场管理，杜绝物料的浪费。

四、异常领料和退料出现时的解决方案

由于材料品质差，导致利用率低；操作及加工过程中的损坏；材料丢失、材料挪用、工件丢失；工件出现品质问题；加工错误造成材料报废；工艺更改等原因出现，造成物料领用出现异常的情况发生时，班组要针对异常领料填写情况说明，相关职能部门查明原因并签字确认，并由企业最高负责人和生产总监核实确认，再由本部门经理签字后按正常领料程序领料。

而出现退料情况的时候，班组要针对具体情况，程序同异常领料情况，并坚持先退后领的原则。毕竟退料是对于生产任务完成后剩余材料、余改后材料、出现质量问题材料、工艺更改后改换的材料等进行重新入库。

物料在搬运过程中谨防浪费

为了能够让物料、半成品、成品在厂房内快速流动，不出现积压的情况，除了生产计划与控制的完善，物料更多的突发情况是在搬运过程当中出现的，因此，班组针对物料搬运过程中谨防浪费的特点，特制订以下搬运方法：

一、人工搬运

人工搬运指在搬运的过程中，全部使用人力，不借用其他任何工具而进行的搬运。这种做法的弊端：不安全，不经济，甚至很多的时候只是在浪费员工的体力及时间，因此，这种搬运方式企业一般很少采用，非不得已的情况下才会应用。

二、机械搬运

当班组发现物料或产品体积大、搬运距离长、流动的方法固定时，可以选择不同的机械方法进行物料搬运，如长车、叉车、输送带、升降机等。

三、工具搬运

当班组发现物料所搬运的距离较短时，可以选择不同的工具搬运方法进行物料搬运，如推车、栈板加油压拖板车等，这可大大提高班组的工作效率，并可使厂房整齐、清洁，提升工作效率。

针对不同的搬运方法，企业还要做好搬运装具的准备。

1. 纸箱

企业生产成品的包装，通常很多企业都只是使用纸箱。因此，纸箱应尽量标准化，以减少管理及仓储的困难。成品使用纸箱以后，尽可能配合栈板来移动。

但是使用纸箱的一大弊端是厂外供应的材料、零件通常使用不同规格的纸箱，使用完后，除了特殊用途外，一般予以废弃，不再重复使用。并且因为纸箱的大小、颜色不一，能够被再次使用的概率很低，这就造成了使用困难，并且妨碍观瞻。

2. 塑料容器

塑料箱可以使用不同的颜色来区别产品状况，如蓝色代表正常良品，黄色代表待整修品，红色代表待报废品。每一塑料容器应规定标准容量，并依规定位置存放。半成品在制程流动中，应设计最适合的装具。

3. 搬运注意事项

当搬运方法和搬运工具确定之后，班组还要明确搬运的注意事项，谨防物料在搬运过程中出现浪费的情况。这就需要班组做到：尽量使用工具搬运；缩短物料搬运距离；通道不可有障碍物；减少搬运次数；多注意人身及产品安全；在搬运过程中避免出现混乱情况；物料应及时流转，减少在制品数量；物料、半成品、产品应有明确的产品及途程标志；保证产品质量，减少搬运过程中的磕碰、损失和变质情况的发生；保证合理利用空间和过道；

缩短运输时间，使停工待料时间最小化。

ABC 物料分类

ABC 分类法因其简单易行的特点，在很多企业的管理中得到广泛的应用。有关 ABC 物料分类有以下几点注意事项。

一、ABC 分类的标准

ABC 分类的标准：占用 5%~15%价值的 40%~55%的物品划为 C 类；占用 15%~20%价值的 30%~40%的物料划为 B 类；占用 65%~80%价值的 15%~20%的物品划为 A 类。

二、物料的分类管理

在对物料进行 ABC 分类之后，便可根据企业的经营策略，对不同级别的物料进行不同的管理，以便有选择性地对生产进行控制，减轻库存管理的压力。

1. A 类物料管理

A 类物料在品种或数量上仅占 15%左右，但如能管好它们，就等于管好了价值 70%左右的物资，这是十分值得，也是十分有意义的。

应从以下几个方面加强对 A 类物料的管理：

（1）勤进货。最好买了就用，用了再买，库存量自然会降低，资金周转率自然会提高。

（2）勤发料。每次发料量应适当控制，减少发料批量，可以降低二级库的库存量，也可以避免以领代耗的情况出现。当然，每次发料的批量，应满足工作上的方便与需要。

（3）与用户多联系，了解需求的动向。企业要对自己的物料需求量进行分析，弄清楚哪些物料是日常需要，哪些物料是集中消耗。

（4）恰当选择安全系统，使安全库存量尽可能减少。

（5）与供货厂商密切联系。要提前了解合同执行情况、运输可能等；要协商各种紧急供货的互惠方法，包括经济上补贴的办法。

2. B 类物料管理

B 类物料的状况处于 A、C 类之间，因此，其管理方法也介乎 A、C 类物料的管理方法之间，可采用通常的方法管理（或称常规方法管理）。

3. C 类物料管理

C 类物料与 A 类物料相反，品种类别众多，而所占的价值却很小。这么多品种，如果我们像 A 类物料那样加以认真管理，费力不小，经济效益却不大，是不合算的。

C 类物料管理的原则恰好和 A 类相反，不应投入过多管理力量，宁可多储备一些，以便集中力量管理 A 类物料。由于所占价值非常小，多储备，并不会增加占用金额。

至于多年来不发生消耗的物料，已不属于 C 类，而应视作积压物料。这部分库存，除其中某些品种因其特殊作用仍必须保留以外，应该清仓处理，避免积压。

三、ABC 分类法的实施

物料 ABC 分类法，其具体做法是将每一种物料的年用量乘上单价，然后按价值大小排列而成，年用量可以根据历史资料或预测数据来确定。因此也称为按价值分配法，为了更好地反映现状，很多的企业还更多地使用预测数据。

ABC 分类法实施时还必须注意两个问题，即库存物资的重要性问题和单价的影响问题。

1. 物料的重要性问题

ABC 分类时，只考虑消耗金额的多少是不够的，还必须考虑物料的重要性。

物料的重要性由缺货会造成停产或严重影响正常生产的、缺货会危及安全的、市场短缺物料且缺货后不易补充的这三个方面构成。

企业不应把 ABC 分类与物料的重要性混淆，A 类物料固然是重要的，但它们的年消耗金额高。当然，部分 A 类物料同时具有缺货会影响生产、危及安全或不易补充的性质，但也有一部分 A 类物料并不同时具有这些性质。

而某些 B 类或 C 类物料，虽然年消耗金额并不高，但却具有缺货会影响生产、危及安全或不易补充等性质。因此，B 类或 C 类物料完全可能是重要物料。

对于 A 类物料，企业的策略是降低安全系数，适当压缩库存，用加强管理的办法降低因此造成的风险。但对于重要物料，企业的策略是增加安全系数，提高可靠性，辅以加强管理。

2. 物料单价问题

ABC 分类标准已如前述，一般是以物料的年消耗金额为标准，即单价与年需求量的乘积。如年消耗金额相同的两个品种，其中一个可能年需求量大，单价低；另一个可能年需求量小，单价高，两者的管理原则应略有区别。一般来说，单价很高的物料，在管理上要比单价较低的物料更严格。因为单价高，库存数量略增一点，占用金额便急剧上升。凡单价高的品种，在管理上应与用户密切联系，详细了解使用方向、需用日期与数量，准时组织进货，控制库存量，力求少积压；与用户研究代用的可能与方法，尽量少用高价物资。使用 ABC 分类时，可再细分单价高与单价低两个方面的特殊要求。

辅助材料管理

一、辅助材料

辅助材料是指直接用于产品生产，有助于产品形成，或被劳动工具所消耗，或为创造正常劳动条件所耗用，但不构成产品的主要实体的各种材料。如与原材料相结合而消耗的燃料、催化剂、氧化剂、油漆，为劳动工具所消耗的润滑剂油，为创造正常劳动条件而耗用的灯泡、清洁用品等，也称为"副料"和"副资材"。

二、辅助材料的存量控制

一般情况下，辅助材料是非常普通而常见的材料，采购方便快捷，没有难度。所以，班组长要注意此类材料不必大量库存，能够保证正常的生产就行。如果库存量过大，反而会增加管理负担。

但是，对于一些特殊的辅助材料，如设备专用油脂、无水乙醇等是需要进口或者必须从特殊渠道采购的，必须根据使用量和采购周期设定安全库存，防止材料的短缺。

所有的辅助材料都要通过台账明确记录名称、型号、供应商（名称、地址、电话）、使用量、采购周期、最低库存等相应内容，这样方便统一管理。

三、辅助材料的库存管理

1. 设置安全库存警示

辅助材料安全库存警示的设置要根据实际情况确定，要考虑到需要用的时候所保证的库存。

辅助材料是一般材料，如果短缺往往会影响生产，所以设定安全库存警戒线是必要的，这能让每一个员工都知道某种辅料快用完了，从而通知采购人员订购。库存警示的方法有很多，如警戒线、提醒牌、报警装置等。

2. 合适的存放方法和场所

就算是人人都要用到的辅助材料，也不可毫无规矩地进行放置，那样会对生产造成很大的影响。所以班组长应该根据材料的不同特性来决定不同的存放方法和场所。需要注意的是：

易燃、易爆物品存放在专门仓库；纸张类要在干燥的环境里存放；试剂、溶液有的要存放于阴暗的低温环境中，有的需用玻璃瓶盛装等。

3. 确定保管期限

购买部门为了省事，往往喜欢大量订购辅助材料。但事实是，辅助材料各有不同，所以保质期限也会不同。有的辅助材料（如胶水、密封圈等）保质期限并不是很长，会随着储存时间变长而变质，最后引发质量问题。有的辅助材料保质时间长，就算封存时间很长也无关紧要。在这里，班组长一定要分清楚辅助材料的保质期，购买后存放仓库的时间对于质量能够有保证。

四、辅助材料的使用管理

1. 控制使用量

控制好辅助材料的使用量是管好辅助材料的基础。这要求班组长必须清楚辅助材料的使用量：哪些产品在用它，日用量多少，月用量多少等。一定要掌握好这些情况，并且做好记录。

2. 提倡节约

即使是辅助生产的材料，也不能毫无节制地滥用，造成不必要的浪费。班组长可以采用用量定额发放、以旧换新的方法，防止浪费，对于一些影响环境的物品（如电池、氰化物），还要做好回收工作。

3. 使领用手续简单化

辅助材料是人人都要用到的，如果领用的程序太多太复杂，肯定会造成管理上的不便。所以，班组长要尽量简化辅助材料的领用手续，方便工作和管理，可以采用"柜台"或者"送货上门"的方式，做到"管理"与"方便"双赢。

第三节 班组物料仓储成本控制

班组长控制物料库存

物料随着企业生产活动的进行而消耗，因此，企业需要大量的采购物料。但是，企业不可能每天都去进行物料的采购，因此，企业需要对生产所需物料进行一定的储备，统称为物料库存。也就是说，如果企业想要配合好班组的生产进度，满足各类生产需要的前提，就必须对物料库存成本进行有效的控制，只有控制好物料库存，才能有效降低企业成本，实现企业内部生产作业要求的最优供应量。

但是在生产过程当中，班组如果对物料库存量没有细致地掌控，就会出现两种情况：一种是物料的库存过多，会导致库存占用大量的企业流动资金和废料的产生；另一种是物料库存量过少，会造成企业生产产品的过程中出现延误。因此，班组必须要制订出合理的安全物料库存量，只有这样才能有效地降低库存成本。

一、预计物料每日用量

生产部门应根据有关产品的生产要求和销售计划，按照前一周期产品生产所消耗的物料用量，估算出此次生产每日所用物料量。

二、确定采购物料天数

想要准确地算出生产的天数，需要班组长依据生产作业的各个阶段所需时间设定出合理的物料使用量，然后依据生产作业流程和天数计算出采购期限，最后上报采购部核准。

三、计算出安全库存量

班组长除了要计算每天生产所需物料的数量和需要使用的天数，还需要结合采购部发布的采购作业天数，计算出生产期间内的物料用量，汇总和上报审核。

安全库存量 = 采购作业天数 × 基准日用量

经过以上三个步骤，班组长要整合资料并上报有关部门进行审核，通过之后，再进行物料的采购，防止出现物料库存过量或短缺的情况发生。

如何处理不良物料

物料是企业进行生产产品的第一道关口，在这道关口内，很多企业会因为断料而改变原本的生产计划，因为缺少物料而推迟出货等情况。为了能够让企业获得更好的发展，班组长在挑选物料时，一定要掌控住物料的质量，防止出现不良物料。如果在使用的时候才发现不良物料，班组长需要做到以下几点：

一、对不良物料进行相关信息的收集和保存

因为不良物料的出现，有可能是在批量时发生的，也有可能是个别现象，但不管是何种情况，班组长都要尽量保存好样品，因为样品更直观，如一些脏污、划伤、异常音等，这些都能对其后果和影响进行判定。

二、对不良物料进行隔离

因为不良物料是不能够投入生产的，所以班组长要将其做好标识，隔离存放。

三、对生产所需物料多次检验

班组长在生产过程当中，除了一些特别采用的零件外，对于生产所需物料要进行多次挑选、返工、修理等检验，一定要确保不良物料未出现在生产当中。

四、纠正和处理不良物料

为了防止不良物料的再次出现，班组长要向引起问题发生的部门发出不良纠正表，并且据此确认出改善措施，包括：要与质量问题的严重程度相适应；要具有有效性和可行性；能够得到切实可行。

班组长应知的库存成本控制方法

库存成本控制指成功管理库存并合理控制其成本。班组要做好库存成本控制，就要对库存及其成本构成有正确且全面的认识。因为库存成本存在的隐蔽性，使得很多企业的班组长对其认识是片面的，常常会忽略掉一些重要的方面。例如，很多时候不会考虑仓库内库存物料所占的成本，更多的时候甚至不会考虑库存物料对企业资金回转的影响等。

按是否可用来分类，库存可分为可用库存和不可用库存。可用库存指企业仓库当中，可以随时用于生产或者订单交货的库存；不可用库存则指在短时间内无法用于生产或交货的库存，例如还在生产线上的在制品、仓库中的淤滞库存、运输过程中的库存和为客户的订单预留但还没有交货的库存。

按其存在形态，库存可分为原材料、产成品、在制品包括半成品、在途库存、维修备件、寄售库存。也就是说，管理方式和目标在不同形态下的库存有着很大的不同。

按库存的分类来看，库存成本控制的方法包括库存持有成本控制、库存获得成本控制以及库存缺货成本控制。

控制库存持有成本也指库存决策。班组长通过对物料的定量分析来决定什么产品需要库存，什么产品不需要库存，以及各种产品库存的规模、周转率和分布情况，从而最终控制库存持有成本。

控制库存获得成本，可以说是班组长进行库存的订货方法。管理者通过确定库存的再订货点、订货周期和每次的订货量，从而最终控制库存持有成本。

控制库存的缺货成本可以说是企业的需求预测。库存管理的重要内容是获得相对准确的需求预测，包括生产计划、销售计划等。

在很多企业的实际管理工作当中，除了特殊产品生产要根据企业的产品特性，确定出正确的库存管理模式外，很多的产品生产都是对所确定的库存产品分类管理，这通常也被称为 ABC 分类法。

物料仓储管理工作标准

物料仓储管理工作标准如表 4-3 所示。

表 4-3　物料仓储管理工作标准

管理部分	管理标准
库区管理	①库区大门明显位置设立形象标志，提示司机库区所在位置 ②进入库区，明显位置设有库区平面图，标志各类产品所在库位相关信息，提示进库路线 ③对于同库区有多个仓库时，应对各个仓库进行编号 ④库区道路应平整、畅通，不得有物品挡住道路，阻碍车辆通行，至少有 3 个 7.2 米宽的通道，对通行车辆限高低于 4.5 米 ⑤库区内应整洁、美观，不应杂草丛生、存在虫、鼠隐患
库内设置管理	①库房内应干燥，地面平坦，整洁；仓库大门、窗户应完好，并对所配备锁匙、库门开启装置实行专人管理 ②仓库灯光应足够，能满足仓库夜间操作（如货运发货等），仓库电源线不得有裸露现象 ③仓库应配备足够的消防器材（消防栓 1 个/200 平方米），定期检查有无失效，仓库的消防器材应放在容易发现、拿取的位置 ④库内应划黄线标明库位、垛位、道路等，库内通道应畅通，不得有物品阻碍车辆通行 ⑤仓库应具备进、出货的装卸平台，便于出入库操作 ⑥每个仓库应有仓库平面图，且注明库内产品分布、仓库平面结构、仓库面积 ⑦库内应具备装卸时的垫板，具备装卸必备的工具：推车、叉车等 ⑧仓库地面应保持无灰尘、无碎屑、纸屑等杂物，库内应具备清洁工具（扫帚、墩布、垃圾箱等），各仓库的推车、扫把等工具应集中摆放在固定、合理的位置，不得随意乱扔 ⑨产品每垛标志齐全，更换应及时、准确（型号、数量），每垛货位的标志字迹清楚、格式统一、标志牌的悬挂位置一致

管理部分	管理标准
在库产品管理	①如同一大库内存放有多家公司的产品，将各公司的产品分开摆放，清楚标志。同一公司产品严格按照规格、型号分开码放。对于零散产品，必要时设置产品周转箱，节省在库码放面积 ②产品严格按照标高码放，不得超高，倾斜。同一垛位里不得混放型号相似、相近的产品。检查库内产品有无变形现象，若发现有变形现象应减少堆码层数 ③易受潮的仓库底下应垫上托板或薄膜，灰尘较大的仓库顶层应加盖防尘物料 ④产品码放应留有五距（墙距 0.2 米、垛距 0.2 米/2 垛、灯距、柱距、顶距），便于有突发事件抢救产品
搬运装卸管理	①搬运作业时应轻拿轻放，不得抛、扔产品，不得打开产品扣手 ②装卸货过程中，不得直接踩在产品上，应垫上垫板，保护产品完好 ③在出入库过程中，理货人员对产品的外观质量进行检查，保证出入库产品质量
出入库账务管理	仓库定期核对账务，账务资料装订、账务登记、报表填写、报表上传等应做到日清月结，报表、台账、实物、货卡必须完全一致
库房仓管员管理	①仓管员熟悉自己的工作职责，熟悉本仓库管理的工作流程，衣着应统一、整洁 ②仓管员应熟悉紫光产品（机型熟悉程度、机型功能的熟悉程度等），严格按计划单据收、发货 ③仓管员应严格控制外来人员进入仓库 ④仓管员应具备一定的安全意识和消防意识，仓管员应熟悉消防器材的使用
安全管理	①入库人员严禁携带烟火，非仓库管理人员、搬运作业人员严禁进入库区 ②对长时间存放在库内的货物应定期检查（有无虫害、变形、受潮等） ③库内消防设施应齐全 ④仓库大门、窗户应完好，及时锁门、关窗 ⑤库内危险品应单独存放、并标志清楚，对于有的危险品，必要时可放在经常能看到的地方 ⑥库内的电源线不得裸露，严格用电管理

第四节　杜绝班组物料浪费

企业常见的七种浪费

在企业中，不服务于产品功能改变甚至对功能改变有阻碍的工作就是浪费。以下是常见的七种浪费现象。

一、等待浪费

等待是不能创造价值的，这是因为等待并非加工过程，不能改变物料的形状、尺寸、性质和状态，从而也改变不了物料的功能。等待一般有两种情况：待工和待料，即因物料供应或前工序能力不足造成待料，因设备故障、产品质量等而造成待工。

造成等待的常见原因：流水线能力不平衡、计划不合理、设备维护不到位、物料供应不及时等。

二、搬运浪费

搬运也非加工过程，不能改变物料的形状、尺寸、性质和状态从而改变物料的功能，所以也不能创造价值。而且搬运过程中的放置、堆积、移动、整理等会造成空间、时间、人力和工具等浪费。

三、不良浪费

常见的不良浪费有材料损失、设备折旧、人工损失、能源损失、价格损失、订单损失、信誉损失等。

四、动作浪费

如果员工在操作时有多余的、不合适、不简便的动作，肯定会增加员工作业强度，降低生产效率，因此也是一种浪费。常见的浪费动作有：两手空闲、单手空闲、作业动作停止、动作幅度过大、左右手交换、步行多、转身角度大、移动中变换动作、未掌握作业技巧、伸背动作、弯腰动作、重复动作及不必要的动作。

五、加工浪费

每种产品的加工都有工艺要求和成本核算的，如果过于追求质量而总是采取高精度的加工，势必会造成浪费。常见的加工浪费情形有加工余量过大、过高的精度、不必要的加工等，其造成的浪费有：设备折旧、人工损失、辅助材料损失、能源消耗等。

六、库存浪费

库存是一种等待状态，会影响资金的流动。常见的库存形态有原材料、零部件、辅助材料库存、半成品、在制品库存、成品、在途品库存等。库存将带来额外的搬运储存成本，造成空间浪费和人力浪费，甚至会让物料变成废品，掩盖诸多问题，造成假象。

七、制造过多、过早浪费

制造过多、制造过早都会造成库存积压，违背生产的适时性原则。可能造成的浪费有造成在库、计划外消耗或提早消耗，增加滞留在库的风险，降低应对变化的能力等。

消除物流浪费，识别真假效率

由于消费个性化需求的发展，企业的产品和服务质量越来越依靠物流配送体系解决时间和空间的供求矛盾，以满足消费需要。离开了现代物流就没有真正的服务质量，企业要想减少甚至消除物流浪费，必须通过降低物流成本来实现。具体来说，主要有以下方法：

一、采取全程供应链管理模式

传统的观念中，企业只关注企业"内部供应链"的管理，忽略了与其他企业及客户之间的关系，如果没有很好的协调合作，容易造成物流浪费。要消除这种现象，必须关注从客户到供应商整个链条性能的"全程供应链"管理，协调与供应链内部其他企业以及客户之间的关系，与供应商、销售渠道保持紧密的联系，随时掌握市场的动态，并且加强在各个环节的协同，从而实现整个供应链活动的成本最小化。

二、降低运输成本

1. 减少运输环节

对于能够直接运输的产品，应尽可能采取直达运输的方式，由产地直运到销售地或用户，避免二次运输，这样可以减少很多浪费，消除相向运输、迂回运输等不合理现象。

2. 合理选择运输工具

运输工具的选择根据产品本身、运输距离、客户要求等，应在经济性、迅速性、便捷性、安全性方面达到最佳的平衡点。

3. 制订最优运输计划

运输不能漫无目的，要根据客户对产品的需求情况制订相对合适的运输计划，坚持先后原则。

4. 注意运输方式

采用零担凑整、集装箱、捎脚回空等方法，扩大每次运输批量，减少运输次数。

5. 提高货物装载量

对于疏松的商品，可以压缩体积。对于不疏松的商品，可以改进包装，消除多余空间。同时，积极改善车辆的装载技术和装载方法，可运输更多的货物。

三、降低仓储成本

优化仓库布局，减少库存点，削减不必要的固定费用，也是减少物流浪费的一个重要方法。可通过建立大规模的物流中心，将散乱的库存进行集中管理，对一定范围内的用户进行直接配送。但需要注意的是，仓库的减少和库存的集中，可能会增加运输成本。因此，要综合考虑仓库成本、运输成本、配送成本，将物流成本降到最低。

四、提高信息化水平

减少冗余的、错误的信息传递，提高信息的收集、处理、传播的速度及信息的正确性。

班组在消除物流浪费的同时，还要做好识别真假效率。

假效率是指固定的员工生产出更多产品的工作效率，是超过客户和市场需求的效率。

1. 真效率

真效率是指较少的员工生产出仅需产品的工作效率，是充分满足客户和市场需求的效率。

2. 真假效率的根本区别

要想提高效率，就要提高能力，但是效率要起到实际作用，就必须建立在有效需求（即市场和客户的定性需求）的基础上，真假效率分辨的根本标准为是否为企业创造利润。如果能够为企业创造利润，就是真效率；如果不能创造效益，甚至造成库存积压，就是假效率。

3. 措施

在有些情况下，能力的提升会促进效率提升，班组长的责任是在能力提升的基础上，将假效率转换为真效率，可以采取"省人化"的用人模式。

"省人化"的两种形式：

（1）正式工 + 季节工/临时工（变动用工）。即拥有一部分稳定的正式工，可以维持一般情况下的生产活动，如果生产任务增加，可以临时到外界寻找工人进行补救。这样既不会造成生产力不足，又不会造成生产力剩余，而是刚好满足生产的需要。

（2）固定人员 + 公用人员（弹性作业人员）。即有一部分稳定的专职于某种生产的作业人员，他们拥有很强的专业技术和高效的作业速度。同时，培养一部分"多能工"，即能够从事多种生产活动并且达到基本要求的员工。在生产需求量增大时，"多能工"能派上用场。

消除浪费的 4M 方法

虽然很多班组长对企业常见的七种浪费现象都有比较全面的了解，但要消除浪费应该从哪里入手呢？这需要班组长懂得消除浪费的 4M 方法。4M 是指 Machine（设备）、Man（人员）、Methods（工艺）及 Material（材料）。

如果一项活动在生产的过程当中既不能给企业带来直接的附加价值，也不能为企业的长远发展带来好处，这就是一种浪费。因此企业要从以下四个方面消除浪费。

一、从设备角度消除浪费

班组在生产过程中主要有五类设备：正在加工合格品的设备；正在加工不良产品的设备；空转设备；报废设备；闲置设备。

面对企业中存在的设备浪费，班组完全可以用这几个问题来进行检查：设备能力足够吗？能按工艺要求加工吗？是否正确润滑了？是否经常出故障？工作准确度如何？噪声如何？设备布置正确吗？设备数量够吗？保养情况如何？运转是否正常？

只要设备能够完美回答这些问题，班组就可以保证这些设备在使用过程中不会出现浪费的情况。

二、从人员角度消除浪费

班组在生产过程中主要有五类人员：生产作业人员、搬运人员、维修人员、检查人员、现场管理人员。

企业要想消除人员浪费现象，应针对五类人员回答出这些问题：作业效率如何？员工有解决问题意识吗？是否适合于该工作？是否遵循标准？责任心怎样？还需要培训吗？有足够经验吗？有改进意识吗？人际关系怎样？身体健康吗？为什么判断人员成本浪费时要考虑这些问题？

这些问题如果员工都能完美解答，就可以保证企业不会做无用功。

三、从方法角度消除浪费

任何方法都不是十全十美的，因此，企业在方法实施前一定要先检验该方法的正确性。因为错误的方法不但不会给企业创造附加价值，还会造成企业成本的增加。要检查一种方法是否正确，可以用这几个问题来进行检验：作业方法、测量方法是否正确？作业有无标准化？作业动作是否合理、经济、省力、快速？检查方法、手段、模式是否合理？设备的转速、切削量等加工方法是否最佳？换模方法是否最优？管理方法是否恰当、合理？物料的摆放、存储方法是否合理？物流流向、传递方法、作业顺序是否合理？信息的沟通、传递方法是否最佳？培训教育方法与方式是否最有效？

这些问题能够顺利地检验出方法在生产过程中是否会给企业带来浪费的问题。

四、从物料角度消除浪费

企业有三种物料：生产必需物料、过剩材料或成品、废品或不良品。

为了更好地判断上面三种物料是否属于浪费，班组可以提出这些问题：数量是否足够或太多？加工过程正确吗？材料设计是否正确？质量标准合理吗？是否符合质量要求？有杂质吗？标牌是否正确？进货周期是否适当？材料浪费情况如何？材料运输有差错吗？

这些问题能够很好地帮助班组消除掉从物料方面发现的浪费。

通过 4M 方法，班组长完全能够避免很多浪费的情况。

消除生产成本浪费的八大手法

一、建立生产标准

建立和完善生产标准，让生产实现自动化、愚巧化（防呆化）。加强对员工的指导和监督，要全面、完整地对生产的产品进行检查，以达到无停滞的流程作业。

二、工程设计适量化

在对作业内容进行重新评估的基础上，分析总结不足，找到一种最合适的高效设计方式，适当进行设计，以改善生产方式、生产工具等，减少加工不必要的浪费。

三、优化生产现场布置

生产现场应该以"U"字形进行生产布置，以达到首尾接应的效果。尽量使生产现场的空间能够充分利用，使员工行走路线最短化，消除员工多余的、费力的动作和在生产过程中一切与工作无关的动作，并改良其动作，减少不必要的浪费。

四、减少搬运浪费

要减少搬运的浪费就要坚持减少搬运的次数、增加搬运的数量。企业生产还要符合后拉式看板生产，即在接到客户订单后就生产所需产品的数量，生产完后直接运送到客户手里，以减少库存的产生，减少搬运的次数。

五、消除库存浪费

要想消除库存浪费，关键在于改革库存意识，在生产方式中要尽量符合标准化生产方式，使生产过程整体化、流程化，彻底贯彻实施看板生产，以减少库存产生。

六、坚持后拉式看板生产

工厂生产应该符合后拉式看板生产方式，也就是在接到订单后才开始生产，是根据实际需求进行的生产，可以防止生产过剩、产品库存积压现象的产生。

七、合理安排生产计划

在接到客户订单后，马上制订合理的生产计划，确定生产日期和交货期，在生产前一天将所需的原材料储备好，全面开展生产。

八、加强各部门的协调合作

各部门协调不好容易造成管理的浪费，这就需要班组长加强各部门的协调合作，使各部门紧密结合在一起，以达到对工厂资源最合理的利用。

第五章 设备成本管理：保障设备，降低设备损耗

第一节 班组设备成本管理的内容

设备成本构成

设备指可供企业在生产中长期使用，并在反复使用过程中基本保持原有实物形态和功能的生产资料和物质资料的总称，它是生产的物质基础，是维持生产的基本条件。在反复使用过程中，因为生产人员对设备采购成本以及维修与设备管理人员成本的控制力和影响力相对较弱，所以设备保养费用、修理成本及设备浪费主要靠生产作业人员及设备管理人员进行控制。

班组设备的类别包括：

（1）机械，包括机床、打包机、自动插件机等。

（2）计测器，是一种测量工具，作用是判定产品品质。

（3）工装夹具，是一种辅助器具，配合产品的组装、加工和测量，能够提高工作效率。

（4）工具，如电钻、扳手。

（5）样板或样品，是指对产品进行颜色、外观的感官判定和尺寸、形状的实物判定的一种物品，是测量的一种替代形式。

由此，可以看出，设备成本的构成包括设备采购成本、保养费用、维修和设备管理人员成本、设备浪费以及修理成本。

一、设备采购成本

设备采购成本，包括设备订购成本、维持成本及缺货成本。

二、保养费用

设备保养费用主要指对设备进行保养所使用润滑油（脂）、防腐材料、设备保养用具设备、更换零部件的成本。

三、维修与设备管理人员成本

维修与设备管理人员成本指企业发放给设备维修与管理人员的工资、奖金、津贴、补贴、社会保险费用、福利费用、劳动保护费用等。

四、设备浪费

设备浪费指因设备故障、设备启动等造成的生产停止所产生的时间、人力方面的成本。

五、修理成本

设备修理成本指企业为了维持设备正常运作而进行修理、管理所花费的费用，包括企业内部修理的费用及外部修理的费用。

设备成本核算

企业为了能够确保设备成本核算的准确性及有效性，必须加强企业的基础建设，建立健全设备成本核算相关规章制度，而各班组也要学习掌握设备成本核算的方法，同时生产线上的相关人员要重点做好设备使用费的核算。

一、班组要加强有关成本核算的基础管理工作

（1）生产现场班组长要指定专人负责设备成本的核算工作，负责相关信息资料的收集、整理、汇总、分析、计算、汇报等。

（2）各班组应完善设备管理台账、成本档案，并且在充分了解每台设备的运行状况及维修保养状况的基础上，加强设备的运行记录与分析。

（3）企业应建立健全设备成本核算制度、设备管理成本核算制度、设备维修成本核算制度、设备备件成本核算制度等。

（4）企业强化全员成本管理意识，特别是生产管理人员要重视设备成本核算管理。

二、班组要学习有关成本核算的方法

（1）各班组成员应努力学习设备管理的法律法规文件，了解设备管理知识和国家的相关规定，不断提高自觉性，重视设备成本的核算。

（2）各班组成员要学习设备管理知识，掌握成本核算的内容、特点及重点，并在新的管理方式中不断创新。

三、班组要重视设备使用费的核算

在设备成本核算中，管理的重点是设备使用费的核算。设备使用费由可变费用和不变费用两部分组成。

1. 可变费用

可变费用包括工资、津贴、燃料费、修理费、养路费、运管费等。可变费用中的某些项目，应结合具体情况，尽量少发生。

2. 不变费用

不变费用包括基本折旧费、大修费、安装拆卸及进出场等规定费用。

设备成本管理方式

设备管理方式指企业对设备管理的有关规定、程序和要求，主要包括设备操作方式、设备使用方式、设备维护方式等。

班组在对设备的成本进行分析的时候，要确定各项构成在设备成本中的比例，并且据此采取各种管理方式，降低企业有关生产的各项设备成本。

（1）班组长在进行设备成本管理的时候首先要指定好责任人。也就是说要由班组长控制设备成本支出（如修理费、油料费、养路费、折旧费等），使其有控制和节约成本的主动权。这种管理方式可以减轻管理工作量，强化班组长的成本意识。

（2）班组长要在生产过程中实行责任制。包括：

1）切实完成好应承担的养修项目，比如日常的维修保养润滑以及油料定额使用等。

2) 完成和超额完成各项定额指标，提高设备的完好率、利用率、出勤率。对开展基础工作和任务完成好的班组，进行奖励，相反者应予以处罚。

3) 明确责任，规定权限，实行奖罚。例如，规定班组成员要认真学习和严格遵守设备管理的有关规定和操作规则，努力学习专业技术，提高操作技能，熟练掌握设备的原理性能和安全操作规程。

（3）班组要做好反向租赁管理方式。反向租赁管理方式是指企业把设备按实际价值折算成现值，租给班组，用其在一定时间内完成的生产量抵偿设备的价值和规定的利润。而企业要做的是监督执行合同和设备的管理使用情况，其余的由班组负责。

设备成本控制流程

设备成本控制流程如图 5-1 所示。

机械保养作业规范

机械保养作业规范如表 5-1 所示。

第二节　班组设备成本管理的日常检查

班组设备管理的内容及应用

一、班组设备管理的内容

现代设备管理，主要是指班组使用设备的保养、维护和抢修等管理工作，是企业中包括设备运动全过程的管理，即从选购设备、投入生产领域，以及在生产领域内使用、维护、磨损及其补偿，直至报废退出生产领域为止的全过程。班组设备管理的任务是要将班组的生产活动建立在最佳物质技术基础上，保证生产的顺利进行。同时，还要严格贯彻设备维修保养制度，正

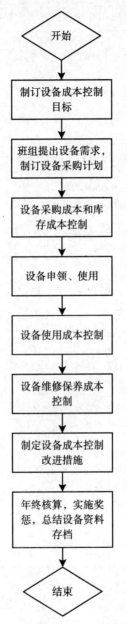

图5-1　设备成本控制流程

表 5-1　机器保养作业规范

1. 目的

使设备能保持最佳的性能状态，延长使用寿命，确保生产的正常进行

2. 适用范围

适用于对注塑机的维护保养

3. 内容及项目

设备维修人员要定时检查和维护，所有操作人员必须按注塑机操作规范进行操作

每日的检查和维护：

（1）检查操作人员是否按注塑机操作规范进行操作，对机器有损伤的操作要加以制止

（2）检查机台运行对生产的影响，如产品经常出现缺胶等不正常情况，应立即对机器进行检查、维修

（3）检查液压油的油温是否在 30~50 度

（4）检查润滑系统油量和各活动部位的润滑情况，要求：加润滑油的部位每班至少两次以上，加润滑脂的部位每周 1 次

（5）检查马达声音、锁模部分声音；检查油喉及接头是否漏油

（6）检查各行程开关的螺丝是否松动，各安全开关是否正常工作

每月的例行检查和维护（周期保养和厂家专业人士保固）：

（1）检查各电路接点有无松脱

（2）检查各抽气扇是否工作，清理隔尘网上的尘埃

（3）检查压力油是否清洁、不足

（4）清洗滤油网和换热器

（5）检查各活动部位润滑和螺丝松动情况

（6）是否存在遗留未解决问题；如有，应及时加以解决

每年的例行检查和维护（周期保养和厂家专业人士保固）：

（1）更换变质压力油，添加新的压力油

（2）清理热电偶接触点和校正温度表

（3）检查电子线路接驳点、电线老化程度，保护开关

（4）检查所有指示灯及其各项性能的稳定性

（5）清洁马达和各油擎

（6）紧固易松动部分螺丝

注意事项：对设备的状况要加以标示，出现异常情况不能使用的机台要挂"待维修"、"正在维修"之类的标志

4. 质量记录

机械设备一级保养表

5. 附则

（1）本规范由成本控制部负责制定、修订和解释

（2）本规范自公布之日起执行

确使用和维护机器设备，并且通过一系列技术和经济措施，使设备始终保持良好状态进行运转。

1. 班组要做好设备的维护保养

加强设备定期维护保养可以使零件减少磨损，延长使用寿命，是积极的

预防措施。要求设备的操作者和专职保养员，定时清扫设备、润滑设备，保持电器系统、冷却系统、机械传动系统的正常运作。

2. 做好设备的合理使用

每台设备都有其自己的性能和使用要求，因此为了保持设备的良好技术状态，必须合理地使用设备，要求设备操作人员严格按操作规程使用设备，坚决制止超使用范围、超负荷使用设备。

3. 做好设备的制度管理

从设备运到生产班组起，无论是验收、登记还是保管、报废，在整个设备寿命周期内，班组管理者都应该建立各项管理制度和责任制度，做到科学的管理。

4. 做好设备的检查修理

班组应该有计划地进行设备的检查，凡在检查中发现隐患，或者已损坏的零件、元件应向上一级组织进行汇报并要求其及时修复或调换。

二、班组设备的正确使用

为了正确与合理地使用设备，班组长要做到：

1. 建立和健全设备操作规程

设备操作者严格按设备操作规程使用设备，这是管好、用好生产设备的重要保证。一般来说，合理、正确地执行设备操作规程，大致包括下列内容：

（1）对单人操作，一班作业的设备，实行专人专机制；对两班、三班或几个人共同操作的设备，实行机长负责制，并做好交接班工作。

（2）主要生产设备或专用设备，实行定人、定机、凭操作证上岗。

（3）班组的操作者都必须无条件地按操作规程操作设备，严禁超负荷使用设备。

（4）对自动线或多机床管理的设备，要根据具体情况，相应地制定使用保养负责制。

2. 安排好生产计划

班组要正确合理使用设备，还必须从计划上加以妥善安排。应根据设备的性能、精度、生产率、加工程序来合理安排生产任务，严禁设备超负荷运行。要充分合理利用设备，提高设备的负荷率。

3. 加强员工的教育培训

班组长要保证能够通过现场教育和技术操作培训来提高生产线上的操作人员的科学技术水平和操作熟练程度，对正确使用设备、管好设备、维护好设备具有根本性的作用。同时，还要让操作人员熟悉和掌握机器设备的结构、性能、使用范围和保养维修技术；明白"设备使用须知"和设备技术参数的内容与要求；操作人员应经过岗前培训，考试合格后，发给操作证，凭证上岗，凭证使用设备。对于精密、大型、稀有、关键设备，班组更应严格执行凭证操作制度。

设备日常巡检制度

班组在进行设备成本管理的日常检查的时候，一定要做好设备的日常巡检制度。对设备进行日常巡检使企业能够准确地评价有关产品生产设备的使用和磨损程度等情况，班组按照一定的周期对企业生产现场设备进行巡视检查，是设备管理的重要部分。

设备日常巡检管理包括车间巡检、厂级部门（如设备科）对车间的设备抽检等。车间现场巡检内容主要包括设备状况（润滑、密封、腐蚀）、建筑物状况、有无泄漏状况、检修质量及进展状况。

班组之所以要对设备进行巡检，是为了保证设备在不解体的情况下用感官和相应的仪器工具按规定项目、内容、方法、标准进行检查，以测试设备的使用情况是否正常。

在对设备进行检查的时候，很多企业会定期或者不定期地对设备部分或者是全部解体的情况下，由专业技术部门采用专业仪器装备进行鉴定检查。精密检查是不包含在日常巡查中的，精密的检查一般包括随机的指令性检查、处理事故的鉴定检查、行政监督或工况试验的解体检查、设备小修或大修的拆洗鉴定和验收测试、维修过程中的各种台架试验等等类别。

班组巡检的主要内容包括：

（1）日常巡检。班组在进行日常巡检的时候，其侧重在于发现设备的异常现象，可以在企业员工交接班或中间停歇时间内进行，而且检查项目简单易行，不需要花费太长的时间，有 20 分钟足矣。

（2）定期巡检。班组在进行定期巡检的时候，侧重点放在检测设备和零部件的劣化趋势上，因此，检查项目会比日常巡检深入。不过定期巡检也不需要解体设备进行检查，时间也不应过长，一般在 40 分钟左右。

当确定了巡检的主要内容之后，班组还要确定好设备巡检的步骤，主要有以下几点：

（1）参照设备操作维修手册和说明书，结合本企业操作员工的技术水平和班组的管理经验，确定日常点检的检查项目、检查方法和检查范围。

（2）制订日常点检技术标准、工作规范和流程。有条件的单位还要编制故障征兆、原因和处理措施对照表。

（3）建立日常点检工作指导监督体系，由专职人员定期抽查和辅导。

（4）设计日常点检记录表。

（5）制订并实行日常点检经济考核方案。

（6）开办日常点检培训班，实行技术考核，持证上岗。

在设备巡检中发现问题时，相关检查人员应填写设备检查记录表。车间设备管理员根据设备检查记录表制订设备整改措施和维修计划，经审批通过后，执行设备维修计划，进入设备维修管理流程。生产班组长以及其他基层生产管理员是设备日常巡检的负责人，包括：

（1）巡检人员严格按时间和巡检内容进行巡检，发现问题及时解决或上报处理。

（2）当值人员与各系统技术人员根据系统的运转情况制订出巡检路线、内容及巡检要求，并落实到各班次人员。

（3）填巡检记录表，月终整理汇集并报工程部经理，档案管理人员收存备查。

（4）保证各系统的正常运行和重点设备正常运转。

班组设备的维护保养

班组对生产所用设备的维护保养应当贯彻和保持"以防范为主，维修与计划检修并重"的原则。毕竟，预防为主，可以做到防患于未然，及时消除设备存在的缺陷和隐患，把可能形成的设备事故消除在发生之前。

一、三级保养的主要内容及要求

1. 设备的日常保养

主要内容：认真检查设备使用和运转情况并做好原始记录；填写好交接班记录，明确责任；擦洗清洁设备各部件擦洗清洁，定时加合格的油润滑；随时注意紧固松脱的零件，调整消除设备小缺陷；检查设备的零部件是否完整，工件、附件是否放置整齐等。

基本要求：这类保养由操作者负责，每日班后小维护，每周班后大维护；每班工作结束后，将机床清理干净，每周擦洗机床 1 次；机床闲置 1 周以上时，对其易生锈部位及时进行防锈处理；每半年进行 1 次水平检验，对不合水平要求的机床进行水平调整。

2. 设备的一级保养

主要内容：检查、清扫、调整电器控制部位；彻底清洗、擦拭设备外表，检查设备内部；检查、调整各操作、传动机构的零部件；检查油泵、疏通油路，检查油箱油质、油量；清洗或更换渍毡、油线，清除各活动面毛刺；检查、调节各指示仪表与安全防护装置；发现故障隐患和异常，要予以排除，并排除泄漏现象等。

基本要求：以操作工为主，维修工人配合保养，一般为 1 个月 1 次；设备的摆放整洁、外观清洁、明亮；设备足够润滑，油路畅通、油窗明亮；设备能够无故障地运转；安全防护、指示仪表齐全、可靠；保养人员应将保养的主要内容、保养过程中发现和排除的隐患、异常、试运转结果、试生产件精度、运行性能等，以及存在的问题做好记录。

3. 设备的二级保养

主要内容：完成一级保养的全部工作；对润滑部位进行全面、整体清洗，要顾及每个局部；定期检查润滑油质量，进行清洗换油；检查设备的动态技术状况与主要精度（噪声、振动、温升、油压、波纹、表面粗糙度等）；调整安装水平，修复或更换零部件；刮研磨损的活动导轨面，修复调整精度已劣化部位；校验机装仪表；修复安全装置；清洗或更换电机轴承；测量绝缘电阻。

基本要求：保养以专业维修工为主，操作工配合；无漏油、漏水、漏气、漏电现象；声响、振动、压力、温升等符合标准；做好详细的保养记录。

4. 设备的日常点检

生产设备的日常点检，也是预防性维修保养工作的一种方法。为了确保日常生产设备的正常运转，及时察觉设备隐患，及时采取相应维修措施，使设备损耗减少到最低程度。

基本要求：每天由操作人员按设备点检卡内容，对设备的各部位进行状态检查，并做好记录，重点设备的点检卡由设备管理部门制定。

5. 关键设备的重点维护保养

关键设备是指大型、重型、精密机床、数控机床、加工中心等技术含量高的设备，以及动力站、变电站等设备。这些设备除按普通维护保养要求外，一定要做到"四定"：定使用操作人员；定专业检修人员；定专门操作规程；定专用备品备件。设备若长时间停用，应加保护罩或封存，指定专人保管，定期进行擦拭、润滑和空运转，做好维护保养工作。

二、班组使用设备过程中的故障处理

在生产过程中，全体员工都会遇到各种各样的故障和事故，这就需要班组长冷静去对待，并且妥善处理。

1. 处理步骤

（1）对不良状况进行详细记录，包括时间、地点、内容、原因、操作人员、管理人员等。

（2）采取措施进行解决，不能解决的马上报告上级，报告途径：点检者→班组长→部门主管人员。

2. 处理设备

（1）分析设备是否有备品，如果有就暂时用备品代替。但务必要注意在使用代替品之后，要将故障设备生产的产品和替代品生产的产品有区别地进行管理，以便追踪不良状况。比如，记录产品序列号。

（2）对于设备不良，如果可以在标准和规定下进行修复或排除障碍的，班组长可以亲自处理，但是处理方法须得到主管人员的认可。

（3）对于自己不能修复的设备，班组长应填写《设备修理申请表》，并交由主管人员，经过审批后请专业人员进行处理。

3. 处理产品

（1）对于使用了不良设备生产出来的产品，必须重新对产品进行全面检查，判定其对品质的影响程度严重与否，并根据影响程度采取相应的措施。

（2）当自己不能判定时要通知品质部门，请他们对库存成品重新进行分析评价，防止发生品质事故。

（3）不能只顾着关注设备故障，而忽略以前生产的产品，必须重视产品的处理问题。

三、操作人员的责任

（1）有设备维护意识，能够做到爱护设备、正确使用设备。

（2）在操作设备前，操作人员必须经过培训学习，并经考试合格后才能上岗。

（3）操作人员必须做到"四懂三会"，即懂结构、懂原理、懂性能、懂用途；会使用、会维护保养、会排除故障。

四、设备维护保养原则

（1）分工明确，划分责任，做到每台设备都有人管。

（2）贯彻实行三级保养工作，定期检查维护，保持清洁、无尘、无腐蚀。

（3）积极配合维修人员检修好设备。

五、确立标准，建立机制

1. 对设备维护保养的各项指标进行量化

所谓量化，就是要以数据为依据而说明问题，需要通过设备管理的

"五率"来实现，其中包括完好率、泄漏率、故障率、保养达标率和运转率。应把设备运转率作为重点来抓，根据实际情况确立五项考核指标，并以生产计划的形式每月下放到各车间，让每个操作人员明确自己的责任和义务。

2. 确立作业标准，设立考核机制

这包括制定设备维护保养工作标准、工作责任制、事故责任追究制等制度。同时，要建立考核体系，定期对操作人员的技术水平进行考核，如果考核没有通过，将不能继续使用设备。

六、正常维护

（1）及时对设备加油，保证润滑。

（2）及时消除跑、冒、漏、滴现象。

（3）及时排除故障。

（4）经常对应该擦洗的部位按要求进行擦洗，保持干净。

（5）定期对设备进行检修。

七、学会排除故障

（1）一旦发现不正常的状况，应该立即检查原因并及时消除。

（2）在紧急情况下要保持头脑清晰，并对事故进行准确判断。事态严重时，必须停车并发出信号。

（3）停车后，如果没有排除故障，坚决不开车。

（4）熟练掌握各类故障的表现及原因、排除方法，以便及时判断和处理。

设备点检与巡检

一、设备点检

为了提高、维持生产设备的原有性能，通过人的五感（视、听、嗅、味、触）或者借助工具、仪器，按照预先设定的周期和方法，对设备上的规定部位（点）进行有无异常的预防性周密检查的过程，以使设备的隐患和缺陷能够得到早期发现、早期预防、早期处理，这样的设备检查称为点检。

二、点检的分类

1. 按照点检周期可以分为日常点检、定期点检、精密点检和重点点检

（1）日常点检：以操作人员为主，维修人员配合，每日每班靠感官和简单测试仪器对设备规定部位在运行前、运行中、运行后进行的技术状态检查，以及时发现故障征兆和事故隐患。

（2）定期点检：分为短周期点检和长周期点检，由专职点检员承担，在设备完整的情况下，按预先确定的周期，用感官和相应的仪器工具按规定项目、内容、方法、标准进行的检查。

（3）精密点检：首先由专职点检员提出，然后委托技术部门或检修部门定期或不定期地在对设备部分或全部解体的情况下进行的鉴定检查。

（4）重点点检：在设备出现疑点时，由技术部门或者检修部门对设备进行的解体检查或精密点检。

2. 按照分工可以分为操作点检和专业点检

（1）操作点检：由岗位操作工负责。

（2）专业点检：由专业点检修护人员负责。

3. 按方法可以分为解体点检和非解体点检

（1）解体点检：将设备拆分，对小零件进行修理和更改。

（2）非解体点检：对设备进行整理检查。

三、点检的工作内容

（1）设备点检：依靠五感（视、听、嗅、味、触）进行检查。

（2）局部小修理：对小零件进行修理和更换。

（3）紧固、调整：对弹簧、皮带、螺栓、制动器及限位器等的紧固和调整。

（4）清扫：对隧道、地沟、工作台及各设备进行清扫。

（5）给油脂：给油装置的补油和给油部位的加油。

（6）排水：给集汽包、储气罐等排水。

（7）记录：对点检内容及检查结果做记录。

四、点检工作的"五定法"

（1）定点：明确检查项目，设定设备需要检查的部位、内容，让点检有目的、有方向。

（2）定标：指定判定检查部位的标准，为检查提供依据。

（3）定期：按照设备的重要程度制订相应的点检周期。

（4）定人：规定各点检项目的实施人员。

（5）定法：制定明确的检查方法。

五、点检的程序

（1）制定点检方法。

（2）设定点检周期。

（3）做好点检记录。

（4）制作点检表。

（5）定期报告点检情况。

（6）保管好点检记录。

六、设备日常巡检

1. 设备巡检

设备巡检是指对现场设备的巡查和检查。

2. 设备日常巡检的目的

（1）掌握设备运行状况及周围的环境变化。

（2）发现设备的缺陷及安全隐患，及时采取有效措施。

（3）保障设备的安全和系统稳定。

3. 设备巡检的类别及主要内容

总的来说，设备巡检包括车间巡检、厂级部门的抽检。

车间巡检内容：

（1）设备状况（润滑、密封、腐蚀）。

（2）建筑物状况。

（3）有无泄漏状况。

（4）检修质量及进展状况。

步骤：

（1）根据系统的运转情况制定出巡检路线、内容及巡检要求，并落实到班组人员。

（2）严格按时间和巡检内容进行巡检。

（3）发现问题及时填写检查记录表并上报。

（4）制订整改措施，审批通过后执行设备维修计划。

设备运行管理

一、强化运行人员的责任意识

（1）班组长要充分肯定运行人员的价值，使运行人员感受到自身工作对于安全、经济生产的重要性，从而坚守自己的责任。

（2）运行人员应积极做好运行分析工作，能够及时发现运行异常，并发挥主人翁意识，做出故障判断并处理。

（3）班组长和运行人员都要时刻掌握设备的运行状态及生产主线，对可能的危险情况进行分析并研究解决措施。

（4）运行人员要掌握生产管理的各类标准，清楚运行工作程序，保证工作思路的清晰。

二、加强对运行人员的技能培训

（1）培训运行人员掌握注重运行规程、安全规程、各种技术规定的能力。

（2）培训运行人员掌握设备结构、系统运行原理的能力。

（3）运行培训要注重时效性、针对性，帮助运行人员对命令、措施理解到位。

三、建立各种制度，加强设备运行管理

1. 完善交接班制度

机械设备运行时必须要有完善的交接班制度，并且办理交接班手续，交班者在交班前应清洁好工作场地，对运行情况做好记录。接班者应认真检查设备是否完好，确认设备正常后才可接班。

2. 实行岗位责任制

设备不能随意滥用，也不能让任何人都掌控。必须要实习岗位责任制，将每台设备安排专门的员工进行运行，明确各个运行人员的责任。

3. 建立设备管理制

在现场生产班组中，由员工推选设备管理人员，协助班组长管理好本班组内的所有设备。在规模较大的班组内，可以推举数人组成设备管理小组。

四、班组长要不断提高管理水平

（1）合理计划操作任务，布置任务要有书面要求，将命令量化，让运行人员一目了然。

（2）一定要对本班工作及时进行分析总结，注意时效性，这有利于提高运行的工作质量。

（3）建立各个设备的随机档案，包括合格证明、技术资料、使用说明书、机械交接记录、运行状况记录、运行工时记录及维修、保养记录等。

（4）对各类数据进行统计分析，根据生产日志、交接班记录和合格产量，统计设备的故障停机时间、设备故障停机率和设备有效作业率。

（5）层层落实好安全生产责任制，坚决制止违纪、违规行为。

管理班组工具

一、班组工具管理的任务

（1）按照生产需求，配齐班组生产工具。

（2）在确保生产活动正常进行的前提下，尽量降低工具的储备量和消耗量。

（3）对工具的使用进行监督，降低修理费用，延长工具使用寿命。

二、班组工具管理的内容

1. 建立各种制度

包括工具的领用制度、工具的使用制度、工具的维护保养制度等。

2. 合理使用工具

严格按照工艺要求在工具强度、性能正常的范围日期内使用工具，杜绝精具粗用，区别专用工具和通用工具的使用。

3. 妥善保管工具

按照规定将工具放在固定场所，摆放要整齐有序，周围环境要保持清洁。使用完毕后需要进行油封或粉封，以防止生锈变形，长期不用的工具应交班组长保管。

4. 做好工具的清点和校验工作

工具的使用具有频繁性、交叉性，所以每天应该核对工具箱 1 次，每周账、物核对 1 次，以保持工具账、物相符。

对于贵重的、精密的工具要给予非常特殊的重视，切实做好使用保管、定期清洁、校验精度和轻拿轻放等事项。要对量具进行周期检查鉴定，保持使用状态良好。

5. 做好工具的修复和报废工作

工具都有一定的使用寿命，磨损、消耗都是正常的。所以要经常对工具进行检查，对于磨损的工具能修复的尽量进行修复，如果不能进行修复，在定额范围内应该立即按手续报废并以旧换新，但注意要在工具定额范围内进行。

三、班组工具管理的实施

1. 计划并制定工具使用标准

2. 建立工具使用档案

（1）根据工具在生产中的作用和技术特征，将工具进行分类。

（2）按一定顺序对工具进行编号，编号方法有十进位法、字母法、综合法等。

（3）对工具的使用情况建立账目，进行注册登记。

第三节　班组设备成本管理之全员生产维修

TPM

一、TPM

TPM 的意思就是"全员生产维修"，是一种以生产为中心，为生产服务的维修体制，是全员参与的生产维修方式，其主要点是"生产维修"及"全员参与"。它通过建立一种全系统员工参与的生产维修活动，实现设备性能的最优化。

它的优点很多：彻底地改善生产，把损失降到零，从而提高生产性能；改善产品品质和企业素质，能够为企业降低成本，增加效益。

二、TPM 的"三全"特点

1. 全效率

指设备寿命周期费用评价和设备综合效率。由产量、质量、费用、交货期、安全、劳动情绪及环境卫生七个方面组成。

2. 全系统

指生产维修系统的各个方法都要包括在内。

3. 全员参加

指设备的计划、使用、维修等所有部门都要参加，尤其注重的是操作者的自主小组活动。

三、TPM 的"四零"目标

1. 停机为零

指计划外的设备停机时间为零。计划外的停机时间过多，会对生产产生很大的冲击力，造成资源闲置等浪费。计划时间要有一个合理值，不能为了满足非计划停机为零而使计划停机时间值达到很高。

2. 废品为零

指由设备原因造成的废品为零。质量的保证是生产的关键，这需要人和机器发挥相应的作用。

3. 事故为零

指设备运行过程中事故为零。如果发生设备事故，就会影响生产，甚至造成人身伤害，最严重的可能会"机毁人亡"。

4. 速度损失为零

指设备速度降低造成的产量损失为零。如果没有保养好设备，就会影响设备性能，从而降低速度，造成损失。

四、TPM 活动的主要内容

1. 两个关键

(1) 5S 活动，包括整理、整顿、清扫、清洁、素养。

(2) 小集团活动，包括职务的活动和自发的小集团活动。

2. 八个支柱

(1) 个别改善，即根据设备的实际不同的情况，对设备进行区别化、个体化的改善，个体化地利用设备，使企业设备的总体化利用率达到最高。这些不同包括设备的利用情况、性能稼动率、合格率、生命周期等，要实施个别改善需要全体部门的配合。

(2) 自主保养，即确立设备责任制，由使用的人进行保养，保养依照自主保养步骤和规定。自主保养体系主要由生产部门确立。

(3) 专业保养，即保养设备要依靠专业技术、专门人员。要建立并实施定期保养、预防保养系统，并确保保养作业效率化。这个保养体系由设备部门领导完成。

(4) 品质保养，即对品质进行改善。杜绝生产不良品，建立生产管理体制。这个体系的建立需要全体员工全身心地投入，以负责的工作态度、追求精品的工作意识来完成产品的生产。

(5) 人才培养，根据设备培养各种技术人员，并对专业保养人员进行技能训练，提高员工的保养能力和技能。这个体系主要由人事部门负责。

（6）环境改善，即改善工作环境和工作条件，保持环境整洁有序，条件符合生产的要求，要建立零灾害、零公害的体制，由各个班组负责。

（7）初期改善，即设计和技术部门对产品的设计、加工过程进行改善。

（8）事务改善，即提高办公效率。

TPM 推进的原则

一、坚持自愿自律

如果活动的开展是硬性要求，那么员工就会产生一种应付心理，只做表面工作，这样是不会有任何效果的。所以 TPM 小组活动要得到推进，坚持自愿自律是首要原则。只有员工自愿参与，才能产生较大的积极性，才能在业务中相互交换情报与信息，共同提高，并解决问题。

同时，自愿是自律的前提，员工心甘情愿地参与活动，那么他们会对自己的所作所为负责任，然后相互监督，共同进步。作为班组长，一定要合理安排时间，提示活动的方向，给予员工足够的关心和有力支援，对于落后的小组要给予特别的指导。

二、坚持实践主义

TPM 是彻底的实践活动，它对生产改善的影响是循序渐进的，所以绝对不能急于求成。如果只重视结果，没有认真地去实践，那么要遵守的基本原则将不复存在。要想将整理、整顿、清扫活动习惯化，就必须注重实践过程，维持好干净、整洁的工作现场，制定并遵守有活力的标准，及时发现、改善不合理的因素。

三、不断改善业务

TPM 使现在的业务更容易、更方便、更高效、更安全地进行。在业务改善的 TPM 活动中，不同的小组要根据自身的实际情况确定目标，体现特色和价值。改善后，变更点必须反映到标准管理项目上，要做好 TPM 与标准管理的衔接。

四、明确各阶段目标

制订各个阶段的目标，有利于循序渐进地改善生产，目标要能够体现阶梯式上升的差异性。要明确最终的目标是实现零缺陷，然后正确把握目前的水准，以最佳状态来开展活动。

五、个人与组织共同发展原则

个人的发展是离不开组织的，组织的进步也需要每个人付出努力。所以TPM 活动要坚持以人为中心，将人放到组织中去，最大限度地提高每个人的积极性，发挥每个人的潜力，最终实现个人和组织的共同发展。

TPM 的主要手段——OEE

一、OEE

设备综合效率（Overall Equipment Effectlveness，OEE）。一般每一个生产设备都有自己的理论产能，要实现这一理论产能必须保证没有任何干扰和质量损耗。OEE 是用来表现实际的生产能力相对于理论产能的比率，是针对设备管理的硬性方面与软性方面进行考察的一项管理评价指标，是全面衡量企业生产效率的重要标准。

二、OEE 的计算方法

1. OEE 由可用率、表现性以及质量指数三个关键要素组成

（1）可用率。它是用来评价停工所带来的损失，包括引起计划生产发生停工的任何事件，例如设备故障、原材料短缺以及生产方法的改变等。其计算公式为：

可用率 = 操作时间/计划工作时间

（2）表现性。表现性是用来评价生产速度上的损失，它通过表现指数来反映。包括任何导致生产不能以最大速度运行的因素，例如设备的磨损、材料的不合格以及操作人员的失误等。其计算公式为：表现指数 = 理想周期时间/（操作时间/总产量）–（总产量/操作时间）/生产速率

（3）质量指数。质量指数是用来评价质量的损失，它用来反映没有满足质量要求的产品（包括返工的产品）。其计算公式为：

质量指数 = 良品/总产量

综上所述，OEE 的计算公式为：

OEE = 可用率 × 表现指数 × 质量指数

2. OEE 与时间、性能、合格品有关

OEE 的计算公式为：

OEE = 时间开动率 × 性能开动率 × 合格品率

式中，时间开动率 = 开动时间/负荷时间。

负荷时间 = 日历工作时间 - 计划停机时间

开动时间 = 负荷时间 + 故障停机时间 + 设备调整初始化时间（包括更换产品规格、更换工装模具、更换刀具等活动所用时间）

性能开动率 = 净开动率 × 速度开动率

净开动率 = 加工数量 × 实际加工周期/开动时间

速度开动率 = 理论加工周期/实际加工周期

合格品率 = 合格品数量/加工数量

三、OEE 的应用范围

1. 单个的设备

（1）单个设备所对应的相同机种相同工序。

（2）单个设备所对应的不同机种相同工序。

（3）单个设备所对应的相同机种不同工序。

2. 以人为标准的一条生产线或者一个工作站

（1）相同机种相同工序。

（2）不同机种相同工序。

（3）相同机种不同工序。

3. 整个工厂的综合效率

四、OEE 的作用

（1）将人员与机器最佳配合，最大化地提高设备利用率，发挥出生产的最大潜能。

（2）可以找到生产中存在的损失并采取措施克服。

（3）方便领导宏观查阅生产状况和了解生产信息。

（4）可以发现、分析和改善生产中的问题，提高产品质量。

五、注意事项

（1）OEE 应用在专门、特定的机器上才能发挥出实际作用，而不是应用于整个生产线或全厂上。

（2）OEE 不能够孤立运用，而是要结合其他提高业绩的方法一同使用，否则将造成生产批次规模加大或有质量缺陷的产品。

（3）OEE 必须坚持精益求精原则，确保计算精确，才能合理防止各种浪费。

怎样实施 TPM 设备点检

一、设备点检制

所谓的点检制，是按照一定的标准、一定周期、对设备规定的部位进行检查，以便早期发现设备故障隐患，及时加以修理调整，使设备保持其规定功能的设备管理方法。值得指出的是，设备点检制不仅仅是一种检查方式，而且是一种制度和管理方法。

二、点检员的岗位职责

（1）编制和修订点检的技术方案和计划。

（2）制定设备维修工时，做好维修费用的预算、统计、审核等工作。

（3）负责管辖区域设备管理的整体工作。

（4）负责设备维修的质量管理和质量验收。

三、"三位一体"点检制及五层防护线

1. "三位一体"点检制

指将岗位操作人员的日常点检、专业点检员的定期点检、专业技术人员的精密点检三者结合的点检制度。

2. 五层防护线

第一层防护线：岗位操作人员的日常点检。

第二层防护线：专业点检员的定期点检。

第三层防护线：专业技术人员的精密点检。

第四层防护线：诊断问题，找出原因，制定对策。

第五层防护线：每半年或一年的精密检测。

四、设备点检制的基本原则

1. 定人

确定专职和兼职的设备点检员，并规定人数。

2. 定点

明确设备故障点，点检部位、项目和内容。

3. 定量

对劣化倾向的设备进行定量化测定。

4. 定周期

针对不同设备、不同设备故障点确定不同点检周期。

5. 定标准

给出点检部位的判断标准。

6. 定点检计划表

点检计划表又称作业卡，用来指导点检员按计划作业。

7. 定记录

包括作业记录、异常记录、故障记录及倾向记录，都有固定的格式。

8. 定点检业务流程

明确点检作业和点检结果的处理程序。

五、设备点检分类与作业内容

设备点检主要分为日常点检、定期点检、精密点检。

1. 日常点检

设备的日常点检是由操作人员对设备在运行前、运行中、运行后进行随机检查。其主要内容包括：

（1）运行状态及参数；

（2）安全保护装置；

（3）易磨损的零部件；

（4）易污染堵塞、需要经常清洗更换的部件；

（5）在运行中经常要求调整的部位；

（6）在运行中出现不正常现象的部位。

2. 定期点检

设备的定期点检是以专业维修人员为主，操作人员协助进行的检查。其主要内容有：

（1）记录设备的磨损情况，发现其他异常情况；

（2）更换零部件；

（3）确定修理的部位、部件及修理时间；

（4）安排检修计划。

3. 精密点检

即由专业技术部门采用专门仪器装备，定期或不定期地在对设备部分或全部解体的情况下所进行的鉴定检查。其主要内容包括：

（1）随机的指令性检查；

（2）处理事故的鉴定检查；

（3）行政监督或工况试验的解体检查；

（4）设备中修或大修的拆洗鉴定和验收测试。

第四节　班组设备维修费用的控制

设备维修成本的控制方法

班组在进行设备维修费用的控制的时候，首先要了解设备维修成本的控制方法，包括考察设备可维修件、掌握设备的磨损规律和故障规律、考察维修经济性、选择合适的设备维修方式及正确处理维修费用和维修效果关系等，具体如图 5-2 所示：

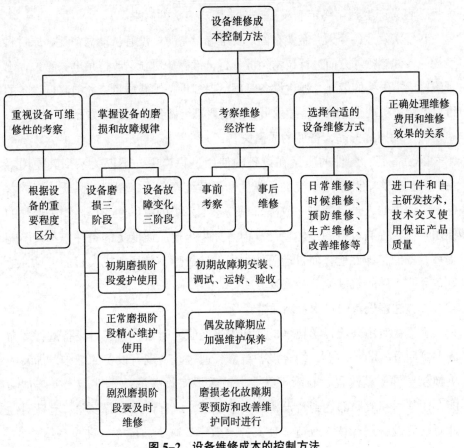

图5-2 设备维修成本的控制方法

降低设备维修费用的六大措施

设备在企业的生产活动中是非常重要的部分，设备管理需要企业建立"以效益为中心"的设备管理体制，从而保证企业效益最优化、利润最大化。而且企业传统的维修费用提取依据不科学，定额使用存在弊端。有的企业是按固定资产基数的比例提取维修费用，而有的企业是按以上年度已发生的维修费用为基准，结合本年度的生产任务和设备情况适当增减。这些提取方法、提取的依据在不同程度上均存在不科学和不合理性。对于维修费用的管理，很多企业采取指标分解、限额控制的方法，但一些企业在限额控制方面失控，容易产生到年终定额没用完而滥用、浪费的后果。

在经济发达的今天，企业在面对要维修设备时，没有从动力消耗、原材料消耗、备件储备等方面进行技术经济分析，没有从更新、改造角度去考虑，出现维修成本失控的情况。强化设备管理，提高设备维修质量，才能降低设备的维修费用，实现企业的可持续发展，这需要班组做到以下六个方面。

一、把握好备品、备件的质量关

因为备品、备件的质量在设备的使用过程当中，不仅关系到其使用寿命，而且会影响到整个系统的可靠性和设备维修范围。因此，品质优良的备件，可使维修人员迅速排除故障，提高整个系统的可靠性，提高相关部件的使用寿命，提高设备的整体性能。但是如果出现品质低劣的备件，不仅不能提高设备的整体性能，而且还可能引发新的故障，甚至酿成大祸。可见，把好备品、备件的质量关至关重要。

二、注意设备的技术更新改造

班组在应用现代科学技术成就和先进经验的时候，要在对设备进行寿命周期费用分析的基础上，结合设备维修，通过改变现有设备的结构，加装和更换新部件、新装置、新附件等，以改善原有设备的技术性能，并增加功能，使其达到或局部达到新设备的技术水平。应有计划、有步骤、有针对性地对落后设备进行技术改造，使其提高效率、减少故障率。在设备维修时，要注意使用新技术、新材料、新工艺。

三、加强对损坏备件的维修

班组对设备换下的备件，经过维修后还可以再利用的。特别是许多机械类备件，通过电刷镀、喷涂等新工艺完全能够修复后再使用。但是在很多的企业中，维修工一般并不愿进行维修，这也就造成了设备的浪费。

维修工之所以不愿维修损坏备件的原因：①缺乏必要的维修工具，机械维修工要配备合适专用的拆卸工具和测量仪表；电工必须配备精确的数字万用表、稳压电源、示波器、触点测试仪等必备工具，没有这些工具，维修工只能望件兴叹。②缺乏相应的激励机制，维修工辛辛苦苦修复了一个价格较高的备件，却没有得到丝毫的鼓励或奖励，久而久之使维修工逐渐丧失了对废件修复再利用的积极性。

正因为如此，才出现了设备浪费的情况。因此班组应当采取相应的奖励措施，从备件的价格、重复利用价值、可靠性等方面，以原备件价格的百分比，对修复备件的人员进行奖励，并与月度、年度评优相联系，以提高维修人员对废件修复再利用的积极性。

四、加强对维修中更换备件的管理

很多的班组长发现，在设备故障的处理中经常出现这样的情况，此备件坏了，却把彼备件给换掉了，或者只是设备调整的故障却更换了备件，这在很大程度上造成了备品、备件的浪费。造成这种现象的主要原因是设备管理缺乏监督机制，维修工对换下的备件好坏不担负更换责任所致。

为此，班组应当建立一种机制，确保维修工对更换的备件负责。而且备件在更换后由有关人员组成的鉴定组进行审核，对没有损坏而换下的备件应对换件人进行必要的处罚。另外，对更换的备件要在设备上检验，填写更换备件单，以加强对备件的监督。技术人员做好备件的使用记录，统计出其平均使用寿命，以便控制备件的贮存量，并在备件损坏前及时进行采购，以防止备件不足或备件贮存过度而造成损失。

五、加强对车间备件库的管理

班组长对于生产过程当中出现的备件下落不明，设备出现浪费的情况，应当做到对备件库建立各设备领用备件台账，月底对设备领用备件台账与维修工对设备维修所填写的更换备件单进行核对，发现问题及时查找原因，并采取相应措施。这样做才能够有效预防备品、备件的流失问题。而且因为车间备件库或多或少都存在着备件的不足或缺乏，以及备件积压的问题，容易给企业的生产造成较大浪费。为此，班组长有必要对常用备品、备件，建立最高限、最低限台账，保证不超过上限，又不低于下限，在保证设备正常运行的情况下，既保证设备的正常使用要求，又不造成备件的积压，以使备件得以有效运转，减少备件的积压问题。

六、坚持保养制度及日常设备巡检制度

现代设备管理追求"设备寿命周期费用最佳"，设备维修是在设备出现故障或技术状况劣化到某一临界状态时，为恢复或改善其功能而进行的一切技术活动。设备维修的组织与管理的目的是提高设备维修资源的利用率，使设备可利用率与维修资源利用率之间达到最佳的平衡。通过设备维修的综合分析，以设备维修为龙头，将提高维修资源利用率的指导思想贯穿设备管理全过程，提高管理水平，降低管理费用。

同时，班组长还应当制定出严格的保养制度及保养规定，促使操作人员严格按照规定的要求去做，发现故障隐患及时进行处理。而且还要加强班组内部的维修人员对设备的点检和巡视。特别要通过询问设备使用者，了解设备运转情况，并做好记录。只有这样才能够保证使用者和维修者进行共同的配合，把设备出现的故障消灭在萌芽状态，以延长设备的使用寿命，从而降低设备维修费用。

节约能源，降低损耗

在企业中，设备成本有以下八大浪费表现：

（1）段取调整产生的浪费。从 A 产品完成到 B 产品品质确认为良品这之间发生的设备没有产出的浪费。

（2）因设备故障产生的浪费。因设备出现故障导致生产停止产生时间、人力方面的成本浪费。

（3）物流浪费。因生产物流不畅、原料供应不及时发生设备停机等造成的成本浪费。

（4）品质故障产生的浪费。因生产产品出现品质故障，导致设备停机或生产出的不良品需要返工，造成设备重新作业的成本。

（5）设备启动产生的浪费。指从设备的启动到正式进行生产之间发生的设备空转产生的浪费。

（6）工具切换浪费。因生产使用的工具不合理或因其使用摆放方法不科学造成与设备运行速度不协调，或产生停机等待等产生的浪费。

（7）速度低下造成的浪费。因设备运行缓慢，未达到设备初始速度造成的浪费。

（8）设备点停导致的浪费。因作业人员离开等其他原因造成设备小于5分钟以下的停机时间导致的浪费。

企业面对上述八种浪费情况和日益激烈的市场竞争形势时，要想获得更好的生存与发展，必须不断提高产品在市场上的竞争力。因为只有进一步挖掘企业的内在潜力，强化成本管理，才能实现降本增效。也只有这样，才能在确保产品质量的前提下，通过降低成本进而降低产品销售价格占领市场。因此，班组在对设备维修费用进行控制的时候一定要做到以下几点：

一、严格考核，细化"降本增效"指标

为全面实现降本增效工作，企业每年会根据各单位生产情况，下达降本增效指标。各机加工单位、毛坯单位、技术中心、采购供应部、运输销售部、机动分厂各责任部门，应从自身实际出发，成立对标挖潜、降本增效专项工作小组，层层分解指标，制定有效的保证措施，并对完成情况进行落实，签字确认，避免指标流于形式。企业技术中心负责对各单位涉及工艺、技术、材料代用、质量方面降本增效的落实。设备工程部负责对各单位涉及能源、设备维修方面降本增效的落实。财务部负责企业降本增效工作方案的制订，对各单位降本增效措施执行情况的检查，组织对各单位降本增效的确认、总结、考核。并要求各单位明确主管领导、联系人、责任人，建立完善的原始记录，确保责任部门便于落实。企业每月要求各单位上报指标完成情况，并多次召开专题会议，落实对标挖潜、降本增效指标，实行严格考核，使降本增效指标落到实处。

二、开展宣传，树立全员降本增效意识

企业领导应重视降本增效工作，通过简报、网站、内部报刊等形式进行广泛宣传，使员工正确认识企业目前所处的经济环境、市场形势以及企业降本增效举措，推广、实施优秀成本管理办法，增强员工责任意识、大局意识，以降本增效为出发点，从岗位做起，从我做起，从身边的小事做起，节约一张纸、一度电、一滴水，精打细算，降低消耗。树立过"紧日子"的观念，与企业共渡难关，充分调动员工降本增效积极性，形成"企业上下全员参与成本管理，人人关注降本增效"的浓厚氛围。

三、全员、全过程管理参与降本增效工作

（1）降低采购成本。在工业企业中，原材料所占成本一般占整个成本的50%~70%。降低原材料采购成本对于降本增效工作意义重大。要制订原材料供应计划，合理组织原材料的采购运输，防止停工待料，避免材料积压，降低材料消耗。

企业采购部门通过信息化手段实行集中招标采购，存货零库存管理模式，与供应商建立长期战略联盟，资金支付采用商业信用、对材料适时储备等形式，降低采购成本。同时利用盘活库存积压，加快库存周转速度，在技术部门的支持下，采取替代性原材料的方式降低采购成本。

（2）依靠科技创新，优化设计、工艺企业在产品的开发、设计阶段，通过重新审核生产流程避免不必要的生产环节，达到成本控制的目的。企业技术部门以产品面向生产率高、节约能源、污染小、无金属损耗、成本低为开发研究重点，不断提高图纸质量，降低图纸差错率，通过优化设计、优化生产工艺、材料代用等方法降低毛净比，改进传统的编程工艺，利用公切边、套料等方法，最大限度地利用原材料，提高钢材等各类材料的利用率，实现降本增效。

（3）修旧利废，变废为宝。企业通过降本增效活动，增强了员工的成本意识，充分发挥了每位员工的创造性和积极性，促进了修旧利废工作的开展。如在产品加工过程中，经常产生一些边角余料，毛坯单位对长期不用的余料进行有效再利用，通过改变切割技术、方向，使闲置钢板变"废"为"宝"，增加钢材利用率；加强对钢屑、各类有色屑的回收，增收节支；通过回收炼钢用的样勺、砂斗、模具等进行改制、拆卸重新利用；自主完成"老旧报废设备"维修改造任务；对报废汽车等废钢进行切割清理送往毛坯制作单位再利用；对于资金耗量大的进口刀具，利用收集废旧棒铣刀和其他废旧刀具，进行加磨、开刃处理后用于粗加工，当精加工时再换上新刀，有效节约了资金，降低了生产成本。

（4）生产过程全员、全过程控制。生产机加工单位根据全年降本增效指标，层层分解，对生产成本、期间费用进一步细化分析，加强对项目过程的

成本控制，细分到每一个生产班组、每一道工序，开展班组成本核算，落实责任，奖罚分明。使每一位员工都能主动自觉地控制成本，对每一道工序把好质量关，减少资源耗用，废品和返修率，降低生产成本。同时，加强对设备的维护、保养、提高设备的运行效率。

毛坯制作单位通过优化生产工艺，降低能源消耗，降低毛净比，提高各类材料的利用率，控制可控费用，严把生产过程，提高毛坯及产品的一次交检合格率，提高产品质量、合同履约率，达到降本增效的目的。

（5）降低能源消耗和修理费用。设备工程部、机动分厂要加强对能源消耗合理控制，杜绝水、电、油、气等能源"跑、冒、滴、漏"现象。提高机床利用率及维修人员的业务素质，确保设备机台的正常运行，加强对管件等材料的回收利用，降低维修费用，达到降本增效目的。

（6）合理降低运输包装费用。企业运输销售部门通过优化包装、涂装工艺，提高包装材料利用率，回收旧的包装箱进行再次利用。同时，加强对车辆日常的保养、维护，降低维修费用，降低百公里油耗，加强对车辆日常的保养、维护，降低维修费用，核算运输运费。通过对产品的分解运输，尽量采用铁路运输的方式，达到降低运输费用的目的。

（7）严格控制可控管理费用。企业根据管理费用的特点，将管理费用分为可控费用和不可控费用。可控费用中的五项是重点可控费用，分别为办公费、差旅费、业务招待费、公务用车费、维修费。对于重点可控费用，要建立严格的授权审批制度，要求财务部门按单位、按项目进行分类核算，严格按预算进行考核，不允许超支，鼓励节约，并且与单位责任人的奖金直接挂钩，实行奖惩制度。同时对于重点管理费用实行集中管控、部门负责的双向管理模式，由企业办公室负责全企业办公用品的采购、车辆的统一安排调度、电话费用的管理，减少公车私用，降低油耗，根据使用单位下达费用，统一管理，互相监督。

总而言之，制造型的企业想要做大做强，必须不断提高企业自身的管理水平，强化成本管理意识，实现真正地降本增效。只有这样，才能让企业在激烈的市场竞争中始终立于不败之地。

第六章　成本质量管理：严把质量关，以精品降低成本

第一节　成本质量管理的内容

质量成本构成

质量成本指企业为了确保内部员工在生产线上生产出的产品能够达到客户满意的质量而发生或者产生的费用，以及因没有让客户获得满意的产品质量效果而导致企业内出现的损失情况。企业生产现场质量成本控制的核心目的是通过降低生产现场的生产成本，提高企业的生产经济效益。

因此，班组长必须重点掌握预防成本、鉴定成本、内部损失成本和外部损失成本四个方面。具体如图6-1所示：

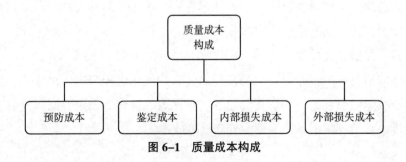

图6-1　质量成本构成

一、预防成本

预防成本指企业为了保证产品质量达到规定的标准或提高产品质量，同时也是为了防止产品质量水平低于某一所需水平而开展的预防活动和采取的各种预防措施而发生的费用。班组之所以要实施预防成本是为了能够促使企业的故障成本和鉴定成本降到最低。

二、鉴定成本

鉴定成本指班组对产品内的原材料、零部件和成品进行质量检验的费用在第一次验收合格的情况之下产生的。包括进货检测试验费、产品质量评审费、工序检验测试费、材料消耗和劳务费、检测设备费和测定库存产品费。

（1）进货检测试验费指对进厂的原材料及生产过程中的半成品、成品按质量标准进行试验、检验所发生的费用。

（2）产品质量评审费指确定出厂产品质量等级的评审费用。

（3）工序检验测试费指对制造过程中的零部件或产品所进行的检验或实验费用。

（4）材料消耗和劳务费指进行破坏性试验时消耗的材料费及劳务费。

（5）检测设备费指检测设备的购置、维护保养、检定校准所发生的费用，以及检测设备因使用而发生的折旧费。

（6）测定库存产品的费用指通过审核或检查库存产品是否有损坏变质或需降价处理所用的试验或检查的费用。

三、内部损失成本

内部损失成本指在企业生产产品过程中，由于产品本身的缺陷所造成的经济损失和处理缺陷品的费用的总和。

四、外部损失成本

外部损失成本指企业在产品出厂后，客户使用过程当中，由于产品质量缺陷或故障而引起的一切费用的总和，如保退、保修、撤销合同以及有关质量的诉讼费用、赔偿等，又称为外部故障成本。

质量成本预测

质量成本预测指企业质量成本管理人员利用企业的历史资料，以及国内外同行业的产品技术条件、质量成本水平和用户的特殊、产品质量要求等数据，再结合企业的目标要求和质量方针，对质量成本目标和质量水平进行预测、分析的过程。

为方便班组长对生产现场的质量成本进行初步估算和管理，班组长需要了解质量成本预测的对象、需求资料以及方法。具体如图 6-2 所示：

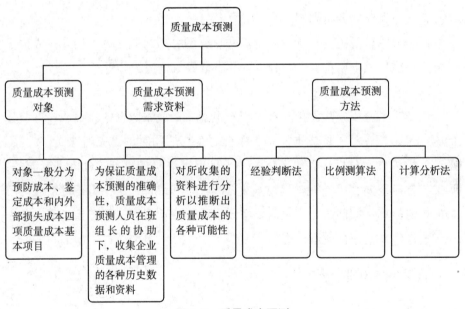

图 6-2　质量成本预测

质量成本分析

班组长在生产现场质量成本管理工作中，为了更便于自己对生产现场质量成本管理的薄弱环节进行初步的判定，需要详细了解质量成本分析的内容和方法。并且通过对质量成本分析提供产品质量和质量控制的数据及信息，降低企业生产现场的质量成本及减少生产过程中各种资源的浪费。

一、质量成本分析方法

质量成本分析方法主要包括比率分析法（常用的有预防成本、鉴定成本和内外损失成本占质量成本总额的比例等）、趋势分析法（质量成本在一定时期内的变化趋势，主要包括短期趋势分析和长期趋势分析）、排列图分析法（主要是通过利用不同的分析目的，对质量缺陷进行分析，然后通过排列，找出问题，深入追踪找出真正的问题）及比较分析法（将质量成本指标完成情况与计划指标相比、与上下期进行对比和与基期指标相比较的一种比较方法）四种方法。

二、质量成本分析内容

质量成本分析内容包括对质量成本总额的分析、质量成本计划完成情况的分析、质量成本典型事件的分析以及质量成本结构的分析。

三、质量成本分析步骤

质量成本分析的步骤包括有关于班组对质量成本数据的收集、核算、分析等。班组长在对质量成本控制工作行之有据的同时，更应当兼具科学性。因此，质量成本分析步骤包括：第一步是班组对质量成本的分析进行准备；第二步是班组要着手进行质量成本数据的收集和统计；第三步是班组进行质量成本的核算；第四步是班组需要编制出质量成本报告；第五步是班组分析质量成本，并且进行质量改造。

质量成本控制流程

质量成本控制流程如图 6-3 所示。

质量成本控制内容

一、预防成本费用

（1）为减少质量损失和检验费用而发生的各种费用。

（2）主要包括质量计划和管理费用、质量培训费、质量评审费、质量改进费、质量管理人员工资与福利费。

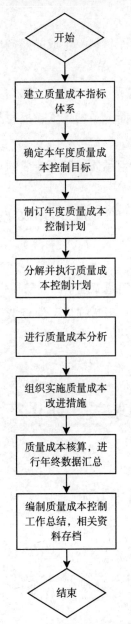

图6-3　质量成本控制流程

二、鉴定成本费用

（1）按照质量标准，对原材料、半成品及产成品的质量进行测试、评定和检验所发生的各项费用。

（2）主要包括检测试验费，行政办公费，检测设备维修，校验和折旧费，人员培训费，检测和计量人员的工资、福利及奖金。

三、内部损失费用

（1）产品出厂前由于发生品质缺陷而造成的损失，以及为处理产品的品质缺陷所发生的费用。

（2）主要包括废品损失、停工损失、事故分析处理费、返修损失、产品降级损失和复检费用。

四、外部损失成本费用

（1）产品出售后因质量问题而发生的一切损失和费用。

（2）主要包括索赔费用、退货损失、保修费用、产品降价损失、诉讼费用和缺陷产品召回费。

第二节　严把检验关，防止产品缺陷造成浪费

实施推广成本质量管理方针

一、质量

按照国际标准的定义，质量是反映产品或服务满足明确或隐含需要能力的特征和特性的总和。对于产品来说，其质量包括可用性、可靠性、维修性、经济性、安全性和环保性。

二、产品质量对企业的影响

（1）产品质量是企业的生命，关乎企业的生死存亡。

（2）产品质量影响着企业的利益、信誉、竞争力等。

（3）严控质量可以提高产品价值，实现企业目标。

三、班组长对于掌控产品质量的职责

产品质量的好坏关系到企业的各种重大问题，也是企业在市场中竞争力的决定因素。而班组是企业中最直接的生产者，同时也是企业生产质量的直接监控者和主导者。所以班组长有严格控制质量、提高产品品质的重要职责。这也是一名优秀班组长必须做好的工作之一。

产品的质量决定企业的效率，而班组生产的质量则决定企业产品的质量。具体来说，班组长有以下实施并推广成本质量管理方针：

（1）认真贯彻产品的质量规章制度，负责好本班组生产的全部过程。

（2）坚持"质量第一"的思想方针，通过对班组成员的教育指导不断提升他们的质量意识和质量责任，督促他们做到作业标准化。

（3）组织班组成员不断学习，培养他们的知识水平和技术能力。

（4）负责班组成员质量指标的分解、落实和完成。

（5）严格执行"三检制度"，即自检、互检和专检，把好质量关，不断改进和提高产品质量，并随时检查。

（6）督促班组成员熟记作业标准和工艺规程，并且严格按照它们进行作业，掌握操作的重点，杜绝生产不良品。

（7）认真做好原始记录，保证各种原始记录的完整性和准确性，便于以后查找资料、分析原因、精益求精，重点抓好本班组的质量控制。

（8）如果生产过程出现了异常，班组要立即采取措施解决，仔细分析原因，防止再犯，并做好记录和上报领导。

（9）积极开展 QC 小组活动，对 QC 小组活动进行指导、督查，让小组形成思考、分析、解决质量问题的氛围，做好技术交流和协作，努力提高产品质量、生产效率和技术水平。

（10）做好各种计划工作（月计划、周计划、日计划），认真组织，开展有序、有计划的生产活动，保持生产文明，开展"5S"活动改善作业环境，提高生产质量。如果未完成计划，应仔细分析原因，并调整计划。

（11）推行 PDCA 循环工作方法，实行全面质量管理，循序渐进地改进

与解决质量问题。

生产线上控制不良品的出现

一、不良品

不良品指不能满足品质规定的产品。

二、控制不良品的目的

(1) 提高产品的质量。

(2) 提高企业产品竞争力。

(3) 提高生产效率。

三、如何防止出现不良品

1. 保持员工稳定

人员流动的频率往往可以反映员工对企业认同的程度。员工流动频率高的企业，生产的技术、熟练程度、产品质量等会比员工稳定的企业差。如果员工流动太频繁，那么新进的员需要进行培训，费时费力，还不见得有成效。

如果员工在企业待的时间长，对生产也就熟能生巧了。所以，班组长要提高生产质量，必须要保持员工的稳定性，要对每一位新进的员工表示肯定，表明他们的重要性，这样自然能够使员工产生工作热情，不会轻易离开，而且情绪相对稳定，工作也会更有效率。

2. 使培训更有效果

培训是提高生产力的一个重要步骤，它可以在职前也可以在职中。作为班组长，要仔细分析每位员工的特点和不足，有针对性地对他们进行适当的培训，提高他们的工作能力。

3. 进行标准化操作

标准是制度，是规定，是工作规则，也是工作方法。班组长要督促每个员工都按照作业标准进行作业，对于不足之处要及时给予指正。

4. 保持工作环境的整洁

工作环境整洁，空间紧密，工序井井有条是生产效率和产品质量提高的保障，工作场所脏乱，代表的是效率低下、品质不稳定以及"总值"的浪费。

这就要求班组长推行 5S 活动，即开展以整理、整顿、清扫、清洁和素养为内容的活动，便能得到意想不到的效果。脏乱，虽然不是品质的决定因素，但却是品质的影响因素。

5. 统计品质

传统的品质管理方法是对产品进行检验，让良品继续流向施工程序，而把不良品予以剔除，并对其进行整修报废处理。这样做只能得到被检验产品的品质信息，而对于产品的品质改善是没有意义的，应该按照统计原理进行产品品质和服务品质的改善，所以统计品质也是一个很重要的因素。

6. 保持供料厂商的稳定

如果没有良好的物料来源，即使再好的技术、再好的生产条件也是没有用的，所以对于物料的供应商应该谨慎挑选，一旦选定了就保持稳定。

不能贪图便宜选择物料差的厂商，也不能一味追求高品质、高价格，而是要折中处理，选择物料良好、价格适中的厂商即可。

7. 完善机器保养制度

产品是靠机器来生产的，机器有精密度与寿命。如果机器出现故障不能正常运转，那么生产就会中断，到时候得不偿失。所以，平常要经常对机器进行检查、维修和保养，保持机器能够高效运转。

掌握质量"零缺陷"的理论

一、"零缺陷"

"零缺陷"是指把事情做到最好，对质量精益求精，尽量做到完美无缺。

二、"零缺陷"理论的核心

"零缺陷"理论的核心用一句话概括是：第一次把正确的事情做正确。其中包含三个层次：正确的事、做正确的事、第一次做正确。

（1）正确的事：认真考察市场，从客户需求出发制订出相应的战略。

（2）做正确的事：不能随意地经营一个组织、生产一种产品或者服务一个项目，而是要"看准"市场和客户的需求，按他们的要求去做事。

（3）第一次做正确：生产的产品必须充分符合要求，防止不良品和不符合要求的成本的产生，从而降低质量成本，提高效率。

要实现"零缺陷"，上述三个要素必不可少。

三、"零缺陷"的基本理念

1. 错误"难免论"

每道工序、每位员工、每台设备不可能每时每刻都保持最好的状态，总会有或大或小的错误发生，正是由于这种"体谅"，导致作业人员产生了企业可以容忍产品不合格的想法，有了"难免论"的思想，认为"我不是圣人，所以我不能不犯错误"的观念。而"零缺陷"管理与这种传统观念针锋相对，它是不允许出现"难免论"的，并且让人有一种"求全"的欲望，希望不犯错误，把工作搞好。

2. 每一位员工都是主角

通常情况下，班组长是主角，他们决定着工作标准和各种制度，然后班组成员只能按照标准去执行。而在"零缺陷"管理中，要求把每一位员工当成主角，不断向他们灌输"零缺陷"的思想，要让他们自己动脑筋克服各种困难，消除工作缺点，班组长只是赋予他们正确的工作动机。

3. 加强心理建设

传统的管理方法，班组长一般侧重于技术处理，他们只需根据自己既定的观点，将方法传授给班组成员。而"零缺陷"管理则是侧重于对班组成员的心理建设，是赋予班组成员正确的工作动机，然后根据班组成员的复杂心理，分情况对班组成员进行管理。

四、对"零缺陷"的具体要求

（1）在生产过程中，如果上一个环节中出现了问题，就必须向下一个环节传送有缺陷的决策、信息、物资、技术或零部件。企业不得向市场和消费者出售有质量缺陷的产品和服务。

（2）在生产过程中，要为每个环节每个层面建立管理制度和规范，要有防范和修正措施，责任必须明确，不能交叉或者失控。

（3）在生产过程中，要树立"以人为本"的管理思想，建立和完善有效的激励机制与约束机制，充分发挥每个班组成员的工作潜力和主观能动性，让班组成员认为他们不仅是被指挥的被管理者，而且也是可以自由发挥的管理者，这样班组成员就会以"零缺陷"的主体行为来保证产品、工作和班组经营，从而实现产品的零缺陷。

（4）在生产过程中，班组长要根据市场要求和班组发展变化及时调整管理系统，保证产品能够最新最优地满足市场和客户的需求，实现动态平衡，保证管理系统的正常运转。

五、"零缺陷"的实施步骤

1. 建立推行"零缺陷"管理的组织

如果"零缺陷"管理没有一个核心的管理组织，那么只能是泛泛而谈，并不能真正实施。建立推行"零缺陷"管理的组织，可以动员和组织全体员工积极地投入"零缺陷"管理，提高他们参与管理的热情和激情，也能吸纳每一个班组成员的合理化建议而进一步改善"零缺陷"管理。企业的最高管理者要起到表率作用，亲自参加，表明决心，同时要任命相应的管理者，建立相应的制度。

2. 确定零缺陷管理的目标

没有目标，也就没有动力。要确定短期目标和长期目标，拟订好班组或者个人在一定时期内所要达到的具体要求，包括确定目标项目、评价标准和目标值。在实施过程中，随时将实际与目标进行对比分析，找出不足并改善。

3. 进行绩效评价

对班组和个人进行绩效考评，计算达到或者目标员工的比例，并对他们给予肯定和奖励。对于没有达到目标的员工，要找出原因并进行指导和鼓励。

4. 建立相应的提案制度

作业人员对于客观因素所造成的错误的原因，如物料、工具、设备、图纸等问题，可及时向组长反映并提出建议，也可附上改进方案，然后由组长和提案人一起进行分析和解决。

怎样在班组中推行 4M1E 管理

一、4M1E 管理

所谓 4M1E 管理就是指 Man（人），Machine（机器），Material（物），Method（方法），简称人、机、事、物方法，告诉我们工作中充分考虑人、机、事、物四个方面因素，通常还要包含 Environments（环境），故合称 4M1E 管理法。也就是人们常说的：人、机、料、法、环现场管理五大要素。

二、作业人员的管理

（1）对员工进行培训，让其操作得到充分训练，对于重点要进行个别指导。

（2）提高员工的质量意识，加强对员工作业质量的控制。

（3）尽量让所有员工符合以下要求：

1）完全按照标准进行作业。

2）有很强的质量意识和责任意识，自觉防止生产不良品。

3）对机器、夹具、检具等能进行充分保养。

4）能够对生产管理提出有效对策。

三、设备的管理

（1）对设备进行保养、维护，保障设备完好。

（2）使用设备的人员必须进行日常点检、设备清理等工作并要有详细记录。

（3）设备需要维修时，将设备维修情况及时记录在维修履历上。

四、材料的管理

（1）重视材料标志，确保员工都能看懂。

（2）对材料进行有序编号，按规律放置。

（3）加强验收检查，避免材料碰伤、变形和变质。

五、作业方法的管理

1. 确定标准工时

不能以生产速度最快的员工的生产作为标准，而要全面综合考虑员工的整体情况。

2. 进行试做

通过试做可以寻找生产要素最佳组合的配置方法，为重大决策指明方向，但切忌控制试做的频率，不能天天试做。

3. 制定作业标准

实际作业必须按照作业标准进行。

4. 随时监督检查

对员工的工作方法和工作进度要时刻检查和监督，指出不足并指导其改正。

5. 仔细分析不良品

当生产线上出现不良品时，不能直接报废，而是要仔细观察不良品，分析产生不良品的原因并寻找解决的办法，防止二次不良品的生产。

六、环境的管理

（1）建立环境管理体系和职业健康安全管理体系。

（2）根据作业的实际情况，分析采光、通道、布局、温度、地面状态等因素，实现环境的最优化。

（3）对废弃物和污水的处理也要严格按照标准，避免对环境造成污染和破坏。

（4）鼓励班组员工参与和改进安全、环境和职业健康的安全活动，提高他们的环境保护意识。

严防管理中的"跑、冒、滴、漏"

日常管理中的"跑、冒、滴、漏"是指企业的班组在进行生产的过程当中因为这样或那样的原因造成的一系列缺陷，具体包括：

（1）跑，是指在生产执行过程中没有按照规范的标准进行操作，其生产行为没有受到制度的约束和控制，从而"跑"出了控制范围。

（2）冒，是指管理制度或者文件中是否会有新的调整、新的改进，会不会"冒"出新变化，如果"冒"出来，怎么办？

（3）滴，是指在两个连续的操作过程中，没有做好信息传递的工作，沟通不顺畅，执行不明确，责任不清晰。

（4）漏，是指管理制度或者文件中有个别内容被大家忽视，从而无人操作和实施，也没有相关的负责人。或者个别规定没有被发现或觉察，进而没有去督导、检查，更没有落实到位、到人。

根据管理中出现的"跑、冒、滴、漏"，班组要采取相应的措施，具体包括反复检查、逐步完善、坚持改正。做好现场管理，班组一定要提倡做好"四字经"：查、记、勤、改。

（1）在发现问题后不能敷衍了事，而要更加勤快，反复检查，反复强调。

（2）随时对生产现场进行巡查，加强监督。

（3）对于违反制度规定的操作情况进行详细记录，内容包括操作人员、违反的规定、生产的批号、使用的设备、时间、生产效果等。

（4）经常对员工进行培训指导，亲自示范，帮助员工改正这些错误。

第三节 开展全员 TQM 活动控制成本

TQM

TQM（全面质量管理），最早由美国通用电气企业质量管理部门的部长菲根堡姆博士提出。在 1961 年，菲根堡姆博士出版了一本著作，书中着重强调企业全体员工的责任是执行质量。因此，企业应该使全体员工具有质量的概念并勇于承担质量的责任。该书发行之后，TQM 在全世界得到了充分发展，为全球产品质量的提升做出了巨大的贡献。

在 TQM 中，Total 指与企业有联系的所有人员都参与到质量的持续改进过程中，Quality 指完全满足顾客明确或隐含的要求，而 Management 则指各级管理人员要充分地协调好。全面质量管理是以产品的质量为核心，以提供满足用户需要的产品的全部活动为出发点，建立起一套科学严密高效的质量体系。可以说，TQM 全面质量管理是改善企业运营效率的一种非常重要的方法。TQM 的最终目的是在满足客户需求的前提下，让企业获得最大限度的附加价值。同时，TQM 还要求企业各部门之间始终保持紧密的协作，全体员工之间保持良好的协作，才能够保证企业产品的质量，才能最终取得良好的经济效益。

TQM 包含以下内容：

一、设计过程中的质量管理

企业在产品设计的过程中，首先注意的环节是商品的质量管理环节，主要包括市场调查、产品开发、产品设计、工艺准备、试制和鉴定等过程。在设计过程当中，班组长的主要工作内容：首先是要根据市场调查研究，制订出产品质量的设计目标；其次是要设计出让组织销售、使用、科研、设计、工艺、制造、质量等部门都参与进来，并最终确定的设计方案；再次是要对有关产品的质量进行技术文件的保证和做好标准化的审查工作；最后是对于督促全体员工遵守设计试制的工作程式不能松懈。

二、制造过程中的质量管理

当设计过程中的质量管理已经做到万无一失的时候，班组要着手进行制造过程中的质量管理。制造过程指企业的员工对产品直接进行加工的过程。这一过程是产品质量形成的基础，也可以说是企业质量管理的最基础的环节。在制造过程环节中，班组长关于质量管理的工作内容包括：首先要组织好质量检验工作；其次要组织和促进企业员工能够文明生产；再次要不间断地组织企业员工进行质量分析，掌握最新的质量动态；最后要组织工序的质量控制，建立起管理点，以便于班组在产品的制造过程中进行质量检查和管理。

三、辅助过程中的质量管理

在产品制造的辅助过程中，班组长要做好质量管理。辅助过程指为了保证产品的制造正常进行，企业提供各种物资技术条件的过程。主要包括物资采购供应、动力生产、设备维修、工具制造、仓库保管、运输服务等。在辅助过程的质量管理中，班组长的主要内容有：首先要做好物资采购供应的质量管理，为了能够保证采购的质量，一定要严格入库物资的检查验收，按质、按量、按期地提供生产所需要的各种物资；其次要组织好设备维修工作，要让设备始终保持良好的技术状态；最后要做好工具制造和供应的质量管理工作。只有这样，才能保证产品的制造万无一失。

四、使用过程中的质量管理

在产品的使用过程中，班组长更是要做好质量管理工作。因为，使用过程是最考验产品质量的过程，它其实是企业内部质量管理的继续，也是企业对于产品进行全面质量管理的出发点和落脚点。在使用过程中，班组长对于质量管理的基本任务就是要提高服务质量，不管是在售前，还是售后服务，一定要保证能够展现出产品的实际使用效果，从而不断促使企业研究和改进产品质量。同时不断开展技术服务工作，在处理出厂产品质量问题上的解决方法越来越高超。在班组长对产品的使用过程进行质量管理时，一定要调查出真实的产品使用效果和用户要求。只有这样才能真实地展现出企业产品的质量。

TQM 与其他管理最大的差别在于，它着重强调的是为了让企业能够取得真正的经济效益，班组的管理必须始于识别顾客的质量要求，终于顾客对企业产品的满意度。而 TQM 全面质量管理就是为了实现这一目标而不断地指导人、机器、信息之间进行协调活动。

TQM 的关键点

一、质量是企业的生命

大多数的企业和组织，在经济不断发展的今天，都清楚地认识到质量已经成为了企业的生命，是企业赖以生存的根本。正因如此，绝大部分企业都将质量作为企业经营的第一项重要内容，同时企业还给予足够的重视，并随之投入相应的人力、物力，以确保企业生产的产品质量不断稳步地提高。

二、质量形成于生产全过程

也就是说，在产品的生产全过程中已经形成了产品的质量，同时也说明生产的过程是由若干个相互联系的环节所组成，从供应商提供原料到进厂检验控制，再到产品上线生产，之后的质量检验，一直到合格品入库，在这个过程中的每一个环节都或大或小地影响着产品的最终质量，也因此，生产的全过程决定了 TQM 的管辖范围。

三、始终保证是为顾客服务

随着市场经济的不断向前发展，企业生产的产品一经出厂就会造成供不应求的状况早已经结束了，现代市场的特点已经完全呈现出产品数量和种类都非常繁多的局面。这种时候，顾客拥有的选择权就有了绝对性。因此，现代企业所生产的产品必须完全符合顾客的要求才有销售出去的可能。因此，TQM 最中心的思想是企业所做的一切都要始终保证为顾客服务，而不是为了所谓的标准服务。如果只是为了标准服务，那么对产品的销量就不要抱有希望了。

四、质量具有波动的规律

有需求才会有市场，反映出产品在市场中的销售情况完全是根据顾客的需求决定的。也就是说，随着市场经济的不断发展，产品质量虽然也随之不断地提高，但顾客的需求会跟随市场经济的发展而变得更高。因此，企业必须意识到一个规律，即产品质量和市场规律一样具有波动性，也就是说产品的质量可以允许在一定的范围内有波动。

五、用数据表明质量的好坏

TQM 的科学性与严谨性不是靠工作人员的感觉就能确定的，而是要依据非常翔实的数据来证明。生活在经济飞速发展的现代，只有真实的统计数据，才能让顾客感到满意，从而在客户满意程度、产品销售量和对市场的占有率等方面展现出企业产品的优越性，获取大众的认可。

六、质量控制应当以自检为主

在 TQM 的过程当中，企业对产品的质量控制应该主要以自检为主。这样的质量管理方式能够让企业的员工在产品的生产全过程中一直树立一种非常强烈的自我质量意识，在一定程度上保证了产品的高质量。如果说非得要等到质量部门检验以后才形成质量的概念，那么产品的质量会得不到最大程度的保证。

七、质量以预防为主

在传统的质量管理中，企业运用的往往是通过产品生产后的检验来控制产品的质量，这种质量保证方式不能防止产品缺陷的不断产生，毕竟这只是一种事后补救措施，没有太大作用的。因此在 TQM 中，班组长们必须意识到产品的质量应该以预防为主，只有通过事前管理的方式降低产品的成本，才能保证产品的质量更上一层楼。

八、科学技术、经营管理和统计方法相结合

TQM 非常注重科学技术、经营管理和统计方法相结合。从 1961 年菲根堡姆博士提出全面质量管理的概念之后，科学技术对生产的推动也有了非常明显的作用，因此班组长们必须将这些科学技术和统计方法充分利用到全面质量管理之中。

TQM 中班组长必须了解的质量观点

全面质量管理不仅仅强调各方面工作各自的重要性，而且更强调各方面工作共同发挥作用时的协同作用。从过去的就事论事、分散管理，转变为以系统观念为指导的全面的综合治理。全面质量管理具有以下特点。

一、以人为本

全面质量管理是一种以人为中心的质量管理，必须十分重视整个过程中所涉及的人员。为了做到以人为本，企业必须做到以下四个方面：高层领导的全权委托，重视和支持质量管理活动；给予每个人均等机会，公正评价结果；让全体员工参与到质量管理的过程中；缩小领导者、技术人员和现场员工之间的差异。

二、以适用性为标准

在传统的质量管理中，一般都是以符合技术标准和规范的要求为目标，即所生产出来的产品只需要符合企业事先制订的技术要求即可。但是，全面质量管理与传统质量管理截然不同，它要求产品的质量必须符合用户的要求，始终以用户的满意为目标。从这个角度看待全面质量管理，则将涉及所有参与到产品生产过程中的资源和人员。

三、综合性

所谓综合性指综合运用质量管理的技术和方法，并且组成多样化的、复合的质量管理方法体系，从而使企业的人、机器和信息有机结合起来。日本的石川馨博士最早将统计技术和计算机技术应用到全面质量管理过程之中，并总结出全面质量管理的七种方法，如直方图、特性要因图等。

四、突出改进的动态性

在传统的质量管理中，产品生产的目标是符合质量技术要求，而现在对产品质量的要求是符合顾客的需求。但由于顾客的需求是不断发生变化的：顾客的需求通常会随着产品质量的提高而变得更高，这要求我们有动态的质量管理概念。全面质量管理不但要求质量管理过程中有控制程序，而且要有改进程序。

第四节 开展全员 TQM 活动管理成本

TQM 现场质量成本管理如何实施

一、TQM 过程质量管理

全面质量管理重在全面，这要求 TQM 的内容包括设计过程、制造过程、辅助过程、使用过程四个过程，其中制造过程是要重点关注的，当然，其他过程也不能够忽略。

1. 设计过程质量管理的内容

设计过程指为产品和服务满足某方面的需要而进行作业确定和解决问题的过程，即在产品生产前制订方案的过程。产品设计过程的质量管理是全面质量管理的首要环节。这里所指的设计过程包括市场调研、产品设计（包括产品的结构、成分、特征、规格、加工方法等）、工艺准备、物资准备、试制和鉴定等过程，即产品正式投产前的全部技术准备过程。

2. 制造过程质量管理的内容

将产品的设计图纸变成实物的过程，就是产品的制造过程，即对产品直接进行加工的过程，它是决定产品质量的关键因素，是企业质量管理的重要环节。它的基本任务是保证产品的制造质量，建立一个能够稳定生产合格品和优质品的生产系统。它的主要内容是生产技术准备、生产制造、质量分析和工序控制。

主要工作内容有：

（1）生产技术准备。

人员准备：操作人员的技能培训、资格认证。

物资准备：原材料、辅助材料、能源等。

设备准备：生产机器、工具、夹具、模具的选择。

工艺准备：制订工艺方案、绘制工艺图表、编写工艺文件。

计量仪器准备：量具、仪器仪表。

（2）生产制造。

严格按照合理组织生产过程的客观规律进行生产。

提高生产的节奏性，实现均衡生产。

工作地布置合理，空气清新，照明良好，四周颜色明快和谐，噪音适度。

机器设备能够高效正常运转，物料和工具的存放井然有序。

随时对生产过程进行检查和监督，及时处理各种问题。

（3）质量分析。

质量分析的对象包括原材料、废品（或不良品）、半成品和成品。

分析原材料质量是产品质量的前提。只有原材料没有问题了，才可以进行后续的工作。

分析废品或者不良品的质量，可以找出异常的原因和责任，发现和掌握产生废品或者不良品的规律，以便采取措施，加以防止和消除。

分析半成品，是为了在产品生产过程中避免错误，能够减少成本损失。

分析成品，是为了全面掌握产品达到质量标准的动态，以便改进和提高产品质量。

（4）工序控制。

对关键工序的工艺文件、工艺装备和生产装备进行验证。

对零部件全部生产线进行验证。

对产品形成全过程生产线进行验证。

组织工序质量控制应当建立管理点。

管理点是指在生产过程各工序进行全面分析的基础上，把在一定时期内、一定条件下，需要特别加强和控制的重点工序或重点部位，明确为质量管理的重点对象。

管理点的建立一般从这些方面考虑：质量不稳定的工序；产品合格率低的工序；工艺本身有特殊要求的工序；对以后工序加工或装配有重大影响的工序；用户普遍反映或经过试验后反馈的不良项目。

企业工序质量控制还应当严格贯彻执行工艺纪律，强调文明生产，通过制作控制图进行工序质量控制。

3. 辅助过程质量管理的内容

为保证生产过程实现预定的质量目标，保证基本生产过程的正常运行而提供各种物料技术条件的过程叫作辅助过程，包括物料采购供应、动力生产、设备维修、工具制造、仓库保管、运输服务等。

4. 使用过程质量管理的内容

使用过程是指产品售出后客户进行使用的过程。它可以考验产品实际质量，是全面质量管理的出发点和落脚点。这一过程质量管理的根本目的是服务于客户（包括售前服务和售后服务），保证产品的实际使用效果，不断促使企业研究和改进产品质量。

二、现场质量管理

现场质量管理是指从原料投入到产品完成入库的整个生产制造过程中所进行的质量管理。它的工作重点大部分集中在生产车间。现场质量管理的目标是通过保证和提高产品质量、服务质量和施工质量，降低物质消耗，从而生产出符合设计质量要求的产品，即实现符合性质量。现场质量管理的内容有四个方面：质量缺陷的预防（即预防产生质量缺陷和防止质量缺陷的重复出现)、质量的保持、质量的改进和质量的评定。

现场质量管理以生产现场为对象，以对生产现场影响产品质量的有关因素和质量行为的控制及管理为核心，通过建立有效的管理点、质量预防体系，制定严格的现场监督、检验和评价制度、质量改进制度以及现场信息反馈制度，从而形成全方位的质量保护体系，严格地对整个生产过程进行控制，从而确保生产现场能够稳定地生产出合格品和优质品。

三、现场质量管理对人员的要求

1. 对操作人员的要求

（1）认真学习、了解、掌握现场质量管理的基础知识，懂得现场管理的基本操作方法，例如了解现场与工序所用数据记录表、控制图或其他控制手段的用法及作用，会计算数据等。

（2）清楚地掌握所操作工序管理点的质量要求。

（3）掌握操作规程和检验规程，严格按照作业标准书和检验规程的规定进行标准化操作和检验，保证现场操作的质量。

（4）掌握本人操作工序管理点的支配性工序要素，认真贯彻执行对纳入操作规程的支配性工序要素；监督对由其他部门或人员负责管理的支配性工序要素。

（5）采取自检的方式进行质量管理，认真贯彻执行自检责任制和工序管理点管理制度。

（6）坚持全心全意为客户服务的思想，定期访问用户，采纳用户正确意见，不断提高本工序质量。

（7）填好数据记录表、控制图和操作记录，按规定时间抽样检验、记录数据并计算打点，保持图、表和记录准确无误，实事求是，不弄虚作假。

（8）在现场中发现工序质量有异常波动，应立即分析原因并采取措施。

2. 对检验员的要求

（1）重点检验建立管理点的工序，除检验产品质量外，还应检验、监督操作人员对工艺及工序管理点的执行程度，防止作业违章。

（2）随时在现场进行巡回检验，督查管理点的质量特性及该特性的支配性工序要素，如发现问题应帮助操作人员及时找出原因，并帮助采取措施解决。

（3）熟记所负责的检验现场的质量要求及检测试验方法，一切按照检验指导书进行。

（4）掌握现场质量管理所用的图、表或其他控制手段的用法和作用，并通过抽检核对操作人员的记录以及控制图点是否正确。

（5）根据操作人员的自检记录，计算他们的自检准确率，并按月公布和上报。

TQM 中的 QC 手法

收集准确资料，对质量情况进行量化，用数据说明问题，是 TQM 的基本特点。这要求班组长不能凭借主观感觉去判定质量的好坏，而是在收集全面、正确的资料基础下，对数据进行仔细分析研究，找到问题的原因，想出解决的办法，然后采取措施不断改进。

因此，企业每一分子，特别是一线生产的班组员工，要不断培养自己的质量意识、问题意识、改善意识，积极思考工作的最佳方法，提高生产产品质量，从而为企业谋取最大的利益。

一、提高产品质量的步骤

要想让产品的质量得到提高，必须要将管理、改善与统计方法相结合，充分发挥各部分的作用，整体上发挥效果。具体步骤是：

（1）找到问题的发生点。

（2）对问题的现状进行分析。

（3）实施改进对策。

（4）确认实施结果。

（5）进行标准化。

而这些步骤的实施都必须要求班组长学会利用图表进行数据统计和分析，常用的统计方法便是 QC 的手法。

二、QC 新旧七大手法

（1）旧 QC 七大手法：查检表、分层法、直方图、柏拉图、控制图、散布图、因果图（鱼骨图）。

（2）新 QC 七大手法：系统图法、关联图法、XI 法、箭条图法、矩阵图法、PDPC 法、矩阵数据分析法。

就现在来看，大多数数据分析都是采用旧 QC 七大手法。

三、查检表

1. 查检表

查检表是使用简单易于了解的标准化图形，人员只需填入规定的检查记号，再加以统计汇整其数据，即可提供量化分析或比对检查用，此种表格称为点检表或查核表。以简单的数据，用容易理解的方式，制成图形或表格，必要时记上检查记号，并加以统计整理，作为进一步分析或核对检查之用。

2. 查检表的分类

（1）缺陷位置查检表。缺陷位置查检表是指对产品各个部位的缺陷情况进行调查并记录的图表。具体要求是将产品的草图或展开图画在查检表上，当某种缺陷发生时，可采用不同的符号或颜色在发生缺陷的部位上标出。注意，在一般情况下，草图上的缺陷分布区域要进行等分。

（2）不合格品统计查检表。不合格品统计查检表是指用于统计不合格品数量，分析不合格品的情况，计算不合格率的图表。具体要求是图表要清晰，注明项目、日期、地点、时间、操作人员、不合格情况、比率等要素。

（3）频数分布查检表。频数分布查检表是预先制好的一种频数分布空白表格。该表应用于以产品质量特性值为计量值的工序中，其目的是为了掌握这些工序产品质量的分布情况。

具体要求是收集、整理资料，根据事实、数据说话。

3. 用途

（1）收集资料，根据实施，有效解决问题。

（2）避免观察与分析同时进行。

（3）用记录代替记忆，使观察更深刻。

（4）避免收集资料时，写入主观情绪因素。

4. 制作步骤

（1）确定要检查的项目。

（2）根据情况决定检查的频率。

（3）确定检查的人员及方法。

（4）确定记录方式相关条件的记录方式，如作业场所、日期、工程等。

（5）确定检查表格式。

（6）确定检查记录的符号。如：正、+、△、*、○等。

四、柏拉图

1. 柏拉图

柏拉图又叫排列图，是为寻找主要问题或影响质量的主要原因所使用的图。它是由两个纵坐标、一个横坐标、几个按高低顺序依次排列的长方形和一条累计百分比折线所组成的图。

排列图用双直角坐标系表示，左边纵坐标表示频数，右边纵坐标表示频率分析线表示累积频率，横坐标表示影响质量的各项因素，按影响程度的大小（即出现频数多少）从左到右排列，通过对排列图的观察分析可以抓住影响质量的主要因素，如图 6-4 所示。

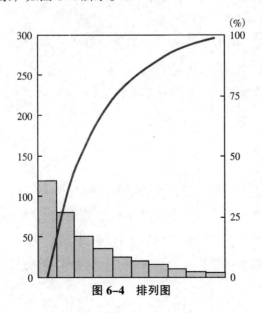

图 6-4　排列图

2. 用途

（1）将每个质量改进项目对整个质量问题的影响程度按重要顺序排列显示出来，能够清楚地寻找质量主次因素。

（2）能够识别进行质量改进的机会。

3. 分析步骤

（1）将要处置的事，以状况（现象）或原因加以层别。

（2）左纵轴表示问题发生的次数（频次或金额），右纵轴表示问题累积百分率。

（3）决定搜集资料的期间，自何时至何时，作为柏拉图资料的依据。

（4）各专案依照大小顺位左至右排列在横轴上。

（5）绘上柱状图。

（6）连接累积曲线。

4. 注意事项

（1）要确定主要因素，寻找主要矛盾，如果不能显示，要考虑重新进行项目的分类。

（2）纵坐标可以用"件数"或"金额"等来表示，以便于更好地找到"主要项目"。

（3）不太重要的项目很多时，横轴会变得很长，通常都把这些列入"其他"栏内，因此"其他"栏总在最后。

（4）确定主要因素，采取相应的措施后，为检查措施实行的效果，还要重新画出排列图进行分析。

五、鱼骨图

1. 鱼骨图

问题的特性总是受到一些因素的影响，我们通过头脑风暴法找出这些因素，将它们与特性值一起，按相互关联性整理而成的层次分明、条理清楚，并标出重要因素的图形是特性要因图、特性原因图。因其形状如鱼骨，所以又叫鱼骨图，也称为因果图或因果分析图，它是一种透过现象看本质的分析方法。

鱼骨图主要分为整理问题型鱼骨图（各要素与特性值间不存在原因关系，而是结构构成关系）、原因型鱼骨图（鱼头在右，特性值通常以"为什么……"来写）和对策型鱼骨图（鱼头在左，特性值通常以"如何提高/改善……"来写）。

2. 制作步骤

分析问题原因和结构：

（1）针对问题点，选择层别方法。

（2）分别对各层别类别找出所有可能原因。

（3）将找出的各要素进行归类、整理，明确其从属关系。

（4）分析选取重要因素。

（5）检查各要素的描述方法，确保语法简明、意思明确。

鱼骨图绘图过程：

（1）填写鱼头，将不好的地方和不好的原因描述出来（按为什么不好的方式描述），画出主骨。

（2）画出大骨，填写影响质量问题的主要原因，与主干线成 60 度夹角画出大原因的分支线。

（3）画出中骨、小骨，分析并填写各种影响质量的小原因，步步深入。

（4）用特殊符号标志关键原因，找到解决措施。

3. 要点

寻找引发结果的原因，并整理原因与结果的关系，以探讨潜伏性的问题。

六、分层法

1. 分层法

分层法也叫层别法，就是把性质相同的，在同一条件下收集的数据归纳在一起，以便进行比较分析，是整理质量数据的一种重要方法，使得数据反映的事实更明显、更突出，以便于找出问题。

在实际生产过程中，影响质量变动的因素很多，如果不把它们进行区别和分层，是很难总结出变化规律的，所以往往要采用数据分层进行整理。例如，按时间、班次、设备、物料、工序、检查等种类进行分层。分层的方法要根据实际生产情况确定。

2. 要点

从不同角度层面发现问题；所有数据不可仅止于平均，须根据数据的层次，考虑适当分层。

七、直方图

1. 直方图

直方图（Histogram）又称柱状图和质量分布图，是一种统计报告图，由一系列高度不等的纵向条纹或线段表示数据分布的情况。一般用横轴表示数据类型，纵轴表示分布情况，通过数据的分布情况可分析工序和质量是否处于稳定状态。

2. 作用

（1）将数据根据差异进行分类，对质量的差异情况能够一目了然。

（2）显示质量波动的状态，判断不合格率、工序能力等。

（3）通过研究质量波动状况之后，就能掌握过程的状况，从而确定在什么地方集中力量进行质量改进工作。

3. 类型

根据波动状况，可以分为正常型直方图和异常型直方图。

（1）正常型直方图。正常型直方图是指过程处于稳定的图形，它的形状是中间高、两边低，左右近似对称。特点是中心附近频数最多，离开中心逐渐减少，主要看整体形状，如图 6-5 所示。

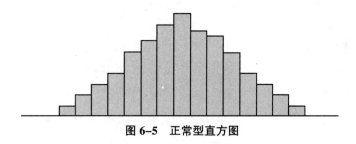

图 6-5　正常型直方图

（2）异常型直方图。异常型直方图指过程不稳定的图形，分布也没有规律，所以种类繁多，以下是比较常见的几种类型：

孤岛型直方图。其特点是在直方图旁边有孤立的小岛出现，这反映了生产过程中出现过异常情况，如原料发生变化、不熟练的新工人替人加班、测量有误等，都会造成孤岛型分布，应及时查明原因、采取措施。如图 6-6 所示。

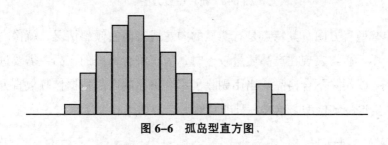

图 6-6　孤岛型直方图

双峰型直方图。其特点是直方图中左边和右边各出现了 1 个峰，中心附近的频数较少，造成这种结果的原因：由于观测值来自两个总体，两个分布的数据混合在一起；两种有一定差别的原料所生产的产品混合在一起，或者是两种产品混在一起，此时应当加以分层。如图 6-7 所示。

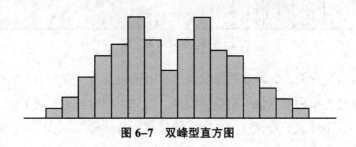

图 6-7　双峰型直方图

折尺型直方图。其特点是凹凸不平，没有任何规律可循，就像被随意折断的尺子。造成这种结果的原因是：作图时数据分组太多，测量仪器误差过大或观测数据不准确，此时应该重新整理数据。如图 6-8 所示。

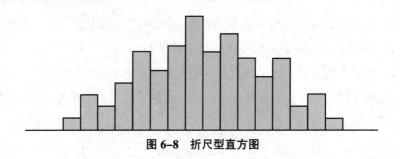

图 6-8　折尺型直方图

陡壁型直方图。其特点是有明显的向左或者向右倾斜情况，就像高山的陡壁一样。通常表现在产品质量较差时，为了符合标准的产品，需要进行全数检查，以剔除不合格品。当用剔除了不合格品的产品数据作频数直方图时容易产生这种陡壁型，这是一种非自然形态。如图 6-9 所示。

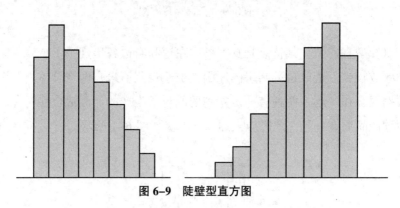

图 6-9　陡壁型直方图

偏态型直方图。其特点是图的顶峰有时偏向左侧、有时偏向右侧。偏左的原因一般是某种原因使下限受到限制，例如，用标准值控制下限，摆差等形位公差，不纯成分接近于 0，疵点数接近于 0。偏右的原因一般是某种原因使上限受到限制，例如，用标准尺控制上限，精度接近 100%，合格率也接近 100%。此外，偏左偏右都会受工作习惯的影响。如图 6-10 所示。

平顶型直方图。其特点是很平坦，各个因素不相上下，没有突出的顶峰。造成这种情况的原因有：多个总体分布混在一起；生产过程中某种缓慢的倾向在起作用，如工具的磨损、操作者的疲劳等；质量指标在某个区间中均匀变化。如图 6-11 所示。

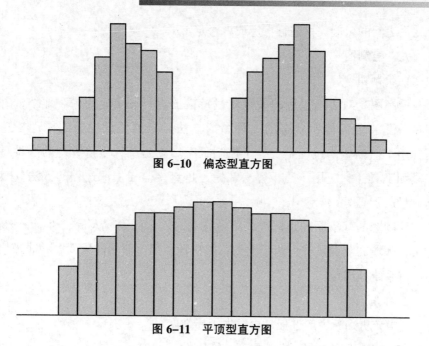

图 6-10　偏态型直方图

图 6-11　平顶型直方图

八、散点图

1. 散点图

散点图又称散布图，是通过分析研究两种因素的数据之间的关系来控制影响产品质量的相关因素的一种有效方法。

散布图是把两个变量之间的相关关系，用直角坐标系表示的图表，它把影响质量特性因素的各对数据用小点描绘在直角坐标图上，并观察它们之间的关系。

2. 散点图的绘制方式

（1）按照时间顺序的推移，采用排列成直方图的方式，以分析数据彼此之间的关系。

（2）采用描点的方式，对数据的分布情况进行观察，分析相关情况。

3. 散点图的作用

绘制了散点图，就可以分析两个要素之间的相关性，如果相关系数高，可以通过对一个变量的控制而间接控制另外一个变量。因此，我们可以对两个变量之间的可能关系进行肯定或者否定。

九、控制图

1. 控制图

控制图是对生产过程的关键质量特性值进行测定、记录、评估，并监测过程是否处于控制状态的一种图形方法。根据假设检验的原理构造的图，用于监测生产过程是否处于控制状态。它是统计质量管理的一种重要手段和工具。它应用广泛，容易掌握，是直接监控生产过程的方法，是提高质量的保证。

控制图的基本原理是把造成质量波动的六个原因（人员、机器、物料、方法、环境和测量）分为两个大类：随机性原因（偶然性原因）和非随机性原因（系统原因）。

2. 作用

（1）分析判断生产过程是否发生了异常。

（2）控制生产过程，判断生产的稳定性。

（3）查明生产设备和工艺设备的实际精度，从而制订可靠的工艺目标和规格界限。

3. 分类

（1）根据控制图使用目的的不同可分为：分析用控制图和控制用控制图。

（2）根据统计数据的类型不同可分为：计量控制图和计数控制图。计量型控制图包括单值移动极差图、均值极差图、均值标准差图。计数型控制图可用于可变样本量的不合格品率、固定样本量的不合格品数、可变样本量的单位缺陷数、固定样本量的缺陷数。

4. 步骤

（1）识别关键过程。

（2）研究关键过程，识别出过程的结构。

（3）确定过程关键变量。

（4）制订过程控制计划和规格标准。

（5）过程数据的收集、整理。

（6）过程受控状态初始分析。

（7）过程能力分析。

（8）控制图监控。

（9）监控、诊断、改进。

开展 QC 小组活动

一、开展 QC 小组活动的基本条件

1. QC 小组

所谓 QC 小组，即品质控制（Quality Control）小组，是指在生产或工作岗位上从事各种劳动的员工，在自愿的原则下围绕企业的经营战略、方针目标和现场存在的问题，以改进质量、降低消耗、提高人的素质和经济效益为目的而组织起来，运用质量管理的理论和方法开展活动的小组。QC 小组是企业中群众性质量管理活动的有效组织形式，是员工参加企业民主管理的经验同现代科学管理方法相结合的产物。

2. 开展 QC 小组活动的基本条件

（1）领导要充分重视并支持 QC 小组活动。QC 小组活动能够让员工积极地参与生产品质的全面管理，是建立品质保证体系的重要手段。员工都是本着自愿的原则和全心全意为企业服务的精神参加 QC 小组活动的。因此，各级领导要对 QC 小组活动引起高度重视，并给予一定的物质条件支持，同时要对 QC 小组的活动进行积极引导，理解 QC 小组活动的重要性，如果开展得好，生产产品质量提升了，那么就会成为企业成功的关键。可以采取以下措施：把 QC 小组纳入企业质量工作计划；制定并坚持鼓励开展 QC 小组活动的政策；在企业中设有专职或兼职的负责管理 QC 小组活动的人员；等等。

（2）员工也要对 QC 小组活动有充分认识。只有广大员工对 QC 小组活动的特点、宗旨、目的、作用有了充分的认识，他们才能够更加积极自主地参加 QC 小组活动。因此，必须提高广大员工的质量意识、问题意识、改进意识和参与意识，广泛的群众基础是 QC 小组活动开展的必要条件。

（3）QC 小组活动骨干的培养。一个活动，如果没有核心组织人员，那么它也就像一盘散沙，无法凝聚。所以，培养 QC 小组活动的骨干是非常重要的。这要求十分重视培养 QC 小组活动骨干的工作。主管 QC 小组的部门要善于发现且喜欢思考、分析和处理质量问题，并且积极向上的员工，在质量工作中及时发现一些质量意识较强、热心于不断改进质量的积极分子，有意识地对他们进行培养教育，让他们比别人先学一步，多学一些，既掌握质量管理理论，又会运用 QC 小组活动的有关知识和方法，并培养他们的领导和组织能力。有了这样一群骨干，QC 小组活动就会在积极正确的道路上越走越好。

（4）QC 小组活动规章制度的建立与完善。无规矩不成方圆，QC 小组活动必须要有一定的政策制度的支持，这样才能持续、健康地发展。为此，企业应把 QC 小组活动作为质量体系的一个要素，并对 QC 小组的组建、注册登记、活动、管理、培训、成果发表、评选和奖励等项工作制定出相应的规章制度，用它们对 QC 小组活动进行指导。

二、怎样实施 QC 小组活动

1. 组成小组

小组组长通过本组成员民主选举产生；小组成员不宜太多，最好控制在 10 名以内；对小组进行合适的命名；去品质管理部登记备案。

2. 选择课题

根据本部门的关键点来选择；选择 QC 小组员工共同关心的关键问题和薄弱环节；从客户不满意的角度发掘问题；尽量选择具体的、小的、容易解决的课题；对课题进行可行性分析，选择课题的理由必须充分得当。

3. 调查现状

为了解课题的目前状况，必须认真做好现状调查，而且调查必须用数据说话。注意数据收集的客观性、时间性，并应用不同的 QC 工具（如调查表、排列图、折线图、柱状图、直方图、管理图、饼分图等）进行数据的搜集整理。

4. 分析原因

集合小组成员，共同对调查结果进行分析，集思广益，找出问题的原因。经过原因分析以后，根据关键、少数和次要多数的原理，将多种原因进行排列，从中找出主要原因，原因的分析要清晰、彻底、全面。在寻找主要原因时，可根据实际需要应用排列图、关联图、相关图、矩阵分析、分层法等不同分析方法。

5. 制订对策

确定了主要原因，就要制订相应的措施计划，明确各项问题的具体措施，同时要确定制订的对策能够方便实施和检查，尽量依靠本组成员就可以完成。

6. 实施对策

小组长要组织成员定期或不定期地研究实施情况，随时了解课题进展，如果实际情况有变化，可以调整对策，发现新问题要及时研究、调查措施计划，以达到活动目标。同时，要做好活动记录。

7. 检查结果

检查的目的是确认实施的效果，是将措施实施前后的情况进行对比，看其实施后有没有效果或者效果显著与否，能否达到预期的目标。如果达到了预期的目标，小组就可以进入下一步工作；如果没有达到预期目标，就要对现状和实施情况进行进一步分析，找出原因，在第二次生产中加以改进。

8. 巩固措施

巩固措施是指把对策中实施并且通过的措施或方法纳入工作标准、工艺规程或管理标准，经有关部门审定后纳入企业有关标准或文件，以防止问题再发生。如果课题的内容只涉及本班组，可以通过班组守则、岗位责任制等形式加以巩固。

9. 总结并发布成果

将实施的结果分析总结出来并在相应的会议上发布，这样可以鼓舞士气，吸引其他员工的关注，还可以交流经验，获得其他员工的高度评价，不断提高活动的效果。

10. 继续活动

如果上一步的小组活动取得了一定的成功，那么应对遗留的问题进行分析，可以将遗留的问题作为下一课题继续开展活动，当然也可以重新选择课题继续开展活动。

三、怎样进行 QC 小组激励

开展 QC 小组活动的开始，小组成员都会以饱满的热情、充沛的激情去参加，仔细分析并解决问题。但是时间长了，大家的新鲜感也就褪去了，要想保持员工的积极性，将活动继续下去，同时也吸引更多的员工参加 QC 小组活动，就必须采取有效的激励手段。

1. 目标激励法

每位员工都会有一定的目标和理想，企业应根据员工的实际情况设定相应的目标，让他们产生"跳一跳就够得着"的想法，然后努力去分析课题，解决问题。有了目标，员工的工作和学习就有了积极性，可以充分发挥潜能。因此，班组长应当把目标理想教育当作激励的重要手段，帮助员工树立目标，这样能使员工产生持久的动力，积极地参与到 QC 小组的活动中。

2. 赞美激励法

每位员工都渴望自己的努力和付出得到肯定，这样激励他们更加上进。因此班组长要及时、准确、真诚地对做出成绩的或者进步的员工进行赞美，要在会议上给予表扬、授予荣誉称号、发给荣誉证书等，这是对员工做出贡献的公开承认，可以满足个人自尊心的需求，从而达到激励的目的。同时，让其他员工看到也会有积极作用，会把受到赞美的员工当作榜样而不断前进。对评选出的优秀 QC 小组授予荣誉称号和荣誉证书，小组的每位员工都将为获得这一荣誉而感到自豪，同时也会为维护这一荣誉而继续努力。

3. "诱惑"激励法

"诱惑"激励法其实就是物质激励，是最基本、最实际的激励手段，也是广大员工所追求的，因为这是他们生活需求得到充分满足的重要途径。物质激励包括工资、奖金和各种公共福利，应适当给予员工物质奖励，如果员工的生活、娱乐等得到了一定的改善，便会更加努力，朝着更大的目标奋进。所以，如果 QC 小组取得成果，创造了效益，应根据按劳分配的原则给予其物质奖励，不要吝啬。

4. 情感激励法

真挚的情感是最能够打动人心的，如果班组长能够对 QC 小组活动高度重视并支持，对员工的工作状态、情绪状况、生活情况进行关怀、问候，员工会觉得班组长是一个懂得人情味的人，肯定会通过积极努力地工作来达到目标，并作为对企业的回报，必将进一步激发员工参加 QC 小组活动的积极性，从而把 QC 小组活动搞得更好。

5. 培训激励法

员工对于知识的渴望、技能的提升都是有想法的。如果企业能够给予员工一些培训，就可以满足员工特别是年轻员工对知识的渴求，可以提高员工达到目标的能力，以胜任更艰巨的工作。培训的内容主要是 QC 小组的基本知识、操作方法和技能，这可以发挥他们的主人翁意识，使他们组织 QC 小组活动。同时选派 QC 小组骨干到上级举办的骨干培训班进行系统的培训，必将激励员工参加 QC 小组，可以提高员工活动的积极性。

第七章　成本改进管理：自主创新，用科学方法持续改进成本管理

第一节　成本意识与习惯培养

构建班组降低成本思维

班组需要对成本进行改进管理，培养班组内成员降低成本的思维，毕竟只有降低产品成本才可以提高企业的经济效益，增加利润。

一、产品成本是抵减利润的一个非常重要因素

如果产品成本高，那么企业获得的利润会相应减少；而产品成本低，则利润相应增加。只有让企业的利润不断增加，才可以为国家提供更多的积累。同时，班组只有通过不断降低成本，才能提高企业的经济效益，也才可以为企业、投资者等各方与企业有利害关系的组织机构带来较好的收益。

降低了成本，企业就可以通过销售产品收回投入在成本上的资金，使企业的生产正常地进行下去，而且因为有了积累，企业就可以进行扩大再生产，让企业的规模随之扩大，企业也会因此而形成良性循环。

二、降低产品价格是降低成本的重要条件

班组长们都知道，产品成本是制定产品价格的重要依据。要想不断降低产品价格，使产品销售量增加，提高市场竞争能力，班组要做到通过生产线

上的不断努力来降低产品的成本。只有产品成本降低了，降低产品价格才有保障。

而且，在现代市场经济的条件下，由于激烈的竞争，很多的企业为了使自己处于有利的地位，一般采用的竞争方式是降低价格。在价格战中，要想取胜，只能通过降低成本来争取较大的降价空间。如果企业的成本较高，但高于其他企业同类产品的售价，就会在最后的价格战中败下阵来。

三、降低产品成本可以节约人力、物力的消耗

通过降低成本各项措施的实施，可以用最少的人力和物力，生产出较多的产品。特别是对于一些较为贵重或稀缺的材料，这些材料的节约使用不仅降低了产品成本，而且是对资源的节约，可以保证企业生产的正常进行，防止由于材料的短缺而影响生产的情况发生。

四、降低成本能够让企业获得更持续的发展

以尽可能少的成本支出，获得尽可能多的使用价值，从而为赚取利润提供尽可能好的基础，提高成本效益。这是很多企业梦寐以求的结果。但是在现代经济环境发生剧变、市场竞争变得异常激烈的情况下，想要获得这样的结果，需要班组不断地在生产线上通过利用各种方法降低成本，以加强战略成本管理。只有这样做，才能让企业调整和改变自己的战略战术。应从加强战略成本管理出发，在产品开发、设计阶段要加大科技含量投入，通过重组生产流程来避免不必要的生产环节，对产品全生命周期成本进行管理，实现成本的持续性降低，达到成本控制的目的。

班组降低成本的途径

一、实行全员成本管理和全过程的成本控制

由于成本是一个综合性的指标，它涉及企业的所有人员、企业的全部生产过程。因此，班组应当让其形成一个较为完整的成本管理体系。这包括企业的全体员工以及生产的全过程，将成本指标分解到各个部门、每位员工，形成成本管理的网络。这样做能够充分调动企业内部广大员工管理和控制成本的积极性、创造性，通过实行全员和全过程的成本管理，形成人人关心成

本、处处关注成本的局面。

二、实行成本否决制度

严格成本考核是企业在全体员工中树立成本权威地位、强化成本控制的重要措施，成本否决的核心是用成本指标否决其他经济指标。

企业在对各单位的工作进行考核时，可以设计出多种考核指标，使得各单位都能将工作的重心放在降低成本的工作上，如果工作做得有力，能取得较好的效果。在这些考核指标中，应将成本指标作为主要指标进行考核。如果各部门其他各项指标都完成得很好，但是成本指标却没有完成，就应否决其工作业绩，不能评为先进。

三、节约材料的消耗

不断降低产品成本中的材料成本，也是降低产品成本的重要途径。因为在产品成本中，通常材料成本占有很大的比重，特别是一些加工行业更是如此。由于材料的消耗量较大，因此，降低材料消耗的潜力很大。企业应采取有效的措施，诸如制定各种消耗定额、实行限额发料制度、材料数量差异分批核算法等，使材料的消耗不断降低。

四、提高劳动生产率

提高劳动生产率是降低产品成本的重要途径。劳动生产率提高了，单位产品中的劳动消耗量就会减少，可以使单位产品成本中的工资等费用降低。要提高劳动生产率，就必须采用新技术、新设备，并对生产员工进行必要的培训，提高企业员工的素质。

通过提高劳动生产率来降低成本不能简单地理解成裁减人员。提高劳动生产率的途径很多，如通过改革生产工艺、改善劳动条件、改进操作规程、使用新的材料等，这些途径的采用，都能使产品的产量、劳动生产率提高。

五、控制制造费用

制造费用也是产品成本的重要组成部分，制造费用的项目较多，应对每项费用采用不同的控制方法，如对低值易耗品、办公费等应制定相应的费用定额和开支标准，促其不断降低。

企业为了能在激烈的市场竞争中立于不败之地，获得持久的竞争优势，必须加强成本管理，提高成本管理部门的职能，建立完善成本管理体系，分析各因素对成本的影响，树立成本的系统管理观念，切实推行成本全员管理，采用科学的成本管理方法和手段，充分调动成本管理工作的各项职能。同时采取有效措施，加强战略成本管理，运用成本领先战略及成本效益观念进行成本管理。将企业的成本管理工作视为一项系统工程。企业的一切成本管理活动，应以现代成本效益理念作为指导思想，要认识到成本优势的取得绝对不限于成本本身，应从管理的高度挖掘成本降低和获取效益的潜力。要及时、全面向管理人员提供成本信息，借以提高员工对成本管理的认识，增强成本观念。总之，成本管理工作是企业经营管理的核心，企业应高度重视成本管理，从每一个细节挖掘企业内部潜力，实现成本的持续降低，达到成本控制的目的。以尽可能少的成本支出，获得尽可能多的使用价值，从而实现企业价值最大化。

六、控制生产损失的发生

在产品生产过程中，必然要发生一些损失，如废品损失、停工损失等。对于大部分损失，都是列入产品成本的，因而，不断地减少生产损失，可以降低产品成本。有时，生产过程中发生的损失，不但造成了废品，而且还可能造成一个车间、一条生产线或整个企业的停产，其损失就会很大的了。

改变班组日常成本管理陋习

一、企业日常现场管理的主要陋习

（1）现场管理权责不分，责任交叉，没有明确负责人，导致员工互相扯皮、推诿。

（2）没有完善健全的激励考核机制，现场作业人员没有强烈的责任心，作业敷衍了事。

（3）没有建立完善的成本、费用薪资结构，生产现场浪费非常严重，大大增加了生产成本。

（4）没有全面性的、阶段性的目标，并且目标不明确、清晰。

二、解决办法

1. 建立自控体系

现场管理工作要想做好，仅仅靠班组长每月几次的现场检查是不可能实现的，必须将现场管理主体下移，落实责任主体，自下而上建立一个全员参与的自控体系，靠操作人员自觉主动地监督、控制自己才能达到目的。

2. 明确责任，贯彻落实

健全的、完整的管理制度是现场管理的保障，但是如果没有贯彻落实，那么就是一纸空文。工厂里可以推行"区域责任制"，即生产现场划分为个人区域、班组区域、公共区域。区域内设备、工作台、工位器具、零部件、运转工具、工装夹具等一切物品都被划入各自管辖区域，切实使每一件事，每一个管理环节都有责任人，这可以避免扯皮现象发生。

3. 真管、真抓、严查

作为班组长，一定要认真负责，对于现场生产活动要随时检查，时刻按照管理规定严格管理员工，不能有放松。对于违反规定的员工，要视情节轻重给予相应的惩罚；对于认真遵守规定的员工，应给予肯定和奖励。

4. 开展"创新管理"活动，发挥综合管理效能

现场管理是一项长期性、反复性的工作，让员工自觉、自愿融入现场是刚性需求，这要求做到三点：一是管理思想创新，即把现场管理看成一项历史责任，当作一项自己应尽的义务；二是措施创新，实施现场管理主体下移，落实责任主体，调动基层单位自我约束、自我检查、自主管理机制；三是方法创新，坚持以改革为动力，以管理为主线，以创新求突破，以改善为切入点，按照 PDCA 循环不断推行 5S 活动。

了解成本法核算的优缺点

一、制造成本核算的优缺点

1. 制造成本核算优点

制造成本法的核算方法包含三种基本的成本计算方法，即品种法、分批法和分步法。这三种基本成本计算方法在成本计算对象、成本计算期以及期

末生产费用的分配上各有不同。因此，不同的企业，其生产特点不同，生产工艺和生产组织的差别导致企业在采用制造成本法进行成本核算时，选择成本计算方法的不同。

只有生产费用才能最终记入产品的生产成本，而期间费用记入当期损益，与当期产品成本的计算无关。因为制造成本法是制造企业传统的成本核算方法，该核算方法将企业一定期间的费用划分为因产品生产而发生的生产费用和与产品生产过程无关的期间费用两部分。

2. 制造成本核算的缺点

采用制造成本法核算成本时，制造费用的分配方法有生产工时比例分配法、机器工时比例分配法、年度计划分配率分配法等。但是制造费用属于企业的间接费用，按照基本生产车间归集，并于期末分配至不同的成本计算对象。因而制造成本核算法在传统的劳动密集型企业里，会出现直接人工所占的比重较大，制造费用占的比重较小的情况出现。

因而用上述分配方法来分配制造费用，即便有不合理之处，但因为比重较小，通常也不会严重扭曲产品成本。而且因为该方法的简便易行，被多数制造业企业广泛采用。

但是在当代社会先进制造环境下，大量人工被机器取代，制造费用大比例上升。据调查，70 年前的间接费用仅为直接人工成本的 50%~60%，而现今该比例提高到了 400%~500%；在制造成本法正适用时，直接人工成本占产品成本的 40%~50%，而现今该比例不到 10%。产品成本结构如此重大的变化，使得传统的"数量基础成本计算"，也就是按照工时、机时为基础的成本分摊方法不能够再准确分配制造费用，导致企业中出现了不同产品之间的"成本转移"，继而影响产品成本计算的准确性，也就不能够为企业决策和控制提供正确有用的成本会计信息。

二、作业成本法核算的优缺点

1. 作业成本核算的优点

作业成本法是以作业为核算对象，核算各个作业所耗的生产资源，计算出各个作业的成本，然后按各最终产品所耗用的作业数量将各作业的成本分配记入各最终产品，从而计算出各种最终产品总成本和单位成本的一种成本核算方法。

因而，在作业成本计算法下，产品成本不再仅仅是制造成本，而是成为了完全成本。对于某一个制造中心而言，所有的费用只要是合理的、有效的，都是对最终产出有益的费用，因而都应记入产品成本。作业成本法强调费用支出的因果，而不论其与生产过程是否直接有关。

作业成本法的应用，拓宽了成本计算的范围，并且在费用分配时，将单一标准的分配基础改为按成本动因的多标准分配，排除了人为设定分配标准的不合理性对成本计算的影响，提高了成本计算的透明度和准确性。因此，企业管理者更倾向于采用作业成本法提供的成本信息。

2. 作业成本法成本核算的缺点

（1）核算过程中的问题。作业成本法是基于作业来分配费用的，所消耗资源的费用首先被归集到作业中，然后再分配到产品成本中。但是，作业成本法下成本中心可能只存在一个成本动因，也可能有两个或多个成本动因，因此会产生多个产出计量单位。在将成本中心的费用分配到作业中时，会存在这样的问题：由于多个产出计量单位的存在，作业所消耗的各种资源具有不同的计量单位，将成本归集到作业时，难以准确计量资源消耗的数量，仅限静态的货币指标，所以难以清晰地反映资源消耗情况，不能动态地强化成本管理，会影响最终产品成本计算和分配的正确性。

（2）操作性差。采用作业成本法核算成本的重大缺陷是操作性差。其主要表现为：首先，工作量太大。最初推出作业成本法时，它主要用于单部门和区域的成本核算、分析，这种简单环境下，作业成本法的效果特别显著，但是如果要大范围地推行这种方法，工作量就会很大。其次，获取作业成本法核算所需的成本资料有困难。传统会计信息系统下按照部门来归集和分配各项费用；而作业成本法应用时则根据作业耗费资源的情况，跨越了传统的部门确定成本。因此，企业要采用此方法，势必要进行会计系统的再造，其成本较高。

（3）核算中作业划分的难题。首先，传统作业成本法下，对作业的划分是按成本驱动因素为标准来划分的，而成本驱动因素的确定则以因果关系为主，对于一些存在但没有表现出明确的因果关系的因素会被忽略，这必然导致一些作业的划分不能准确反映真实情况。其次，在传统作业成本法下，作业的划分无既定标准依据，只能依据经验进行，对于未来的作业，如果遇到新情况可能会考虑不周全。在当前订单式生产成为趋势的形势下，若仍按传统作业成本法进行作业划分，则很难在较短的时间内将作业划分准确，这不但会增加许多工作量，其效果也无法保证。

三、资源消耗会计核算的优缺点

1. 资源消耗会计核算的优点

资源消耗会计的主要核算对象是资源。资源消耗会计认为企业存在服务于其他资源的资源，因此，核算对象不仅包括为作业提供服务的资源，还包括资源自身消耗的资源，即资源交互消耗产生的成本。这样才能完整地反映资源消耗过程，从而准确地计算资源成本。

而且资源消耗会计核算的资源结集点的划分依据是资源动因，作业的划分依据是成本动因。在资源结集点的资源向作业分配的过程中，采用的是非货币的量化指标，在由作业向产品分配计算成本时才同时使用了货币指标和量化指标，即产出的量化计量过程与货币计算过程相分离。这一分离充分地体现了资源消耗与成本核算之间的关系：资源消耗是成本核算的前提，成本核算是资源消耗的货币表现。

2. 资源消耗会计核算的缺点

在利用资源消耗会计核算方法计算产品成本时，制造成本法分配间接费用时受分配标准的影响很大，而该方法在选择费用分配标准时是单一的、不科学的，会影响产品成本计算的准确性。作业成本法以作业为核心，每项作业可能会有两个或两个以上的成本动因，因而会有不同的产出单位。但是作业成本法未加考虑，在确定作业点分配的费用时，不划分人工工时与机械小时，统一分配。一方面不能得到非货币计量的信息；另一方面也影响了产品成本计算的准确性。而资源消耗会计根据因果关系以资源为焦点进行成本的归属，即依据资源向成本对象分配成本，为企业提供准确的货币和非货币计量信息，并且企业可以资源结集点为中心，进行成本计划、成本控制、成本反馈及成本预算，是一个全面的成本管理系统。

第二节　班组现场作业控制成本

怎样改善生产效率

一、生产效率

生产效率是指固定投入量下，制程的实际产出与最大产出两者间的比率。可反映出达成最大产出、预定目标或是最佳营运服务的程度。亦可衡量经济个体在产出量、成本、收入或利润等目标下的绩效。

二、生产效率及相关因素的计算

1. 生产效率的计算

生产效率 = (实际产量 × 标准工时) /[实际人力 × (8 小时 – 挡产工时 + 加班工时)]

式中，实际产量指实际入库的产量。挡产工时指因各种原因造成停线或返工工时。加班工时指为增加产量而延长的工作时间。

2. 设定效率的计算

设定效率 = 标准工时/生产频率 × 100%

3. 实际作业效率的计算

通常，实际作业效率需要将一个岗位连续测定 5 次，并将 5 次的平均值代替标准工时进行计算。

实际作业效率：实际作业时间/生产频率 × 100%

三、改善生产效率的步骤及方法

表 7-1　改善的步骤和方法

阶段 / 方法	改善的步骤	思考方法	QC 方法
1	发现改善必要点	明确目标	选定理由
2	分析现在的方法	抓住事实	现状把握
3	得到构思	考虑事实	要因分析
4	拟定改善方案	立案	检讨、立案
5	实施改善方案	实施	实施
6	确认实施效果	确认	确认

四、改善效率的提问法

总的来说，围绕目的、时间、地点、人员、方法五个方面来提出问题，具体如下：

1. 目的：使工作的目的进一步明确

（1）为什么做？

（2）应该做什么？

（3）还可以做其他什么事？

2. 地点：选择合适的工作场所

（1）为什么在那里做？

（2）应该在哪里做？

（3）还可以在哪里做？

3. 时间：选定最恰当的时机

（1）为什么在这时候做？

（2）应当在什么时间做？

（3）还可能在什么时间做？

4. 人员：确定最合适的作业者

（1）为什么由他来做？

（2）应该由谁来做？

（3）其他什么人还可以做？

5. 方法：确定最好的工作方法

（1）为什么这样做？

（2）应该如何做？

（3）还有别的什么方法？

五、改善效率的技巧

总的来说，可以运用上面的提问技术对概要程序图进行分析，还可以从"取消"、"合并"、"重排"、"简化"四个方面考虑改进措施，具体如下：

1. 取消：确定必要的工作，取消不必要的工作

（1）取消所有可以取消的工作、步骤或动作。

（2）确定工作的规则，比如确定工具的摆放位置，形成习惯。

（3）尽量降低手的使用频度，比如抓、握、推、搬运设备。

（4）取消笨拙或不自然、不流畅的动作。

（5）控制员工肌肉力量的使用。

（6）提高动作速度，杜绝一切危险动作。

（7）除必要的休息外，杜绝一切怠工和闲置时间。

2. 合并：将工作中的作业流程、作业动作、工具等尽量合并

（1）将两个或多个作业合并为一个作业或连续作业。

（2）将各种小动作串成一个连续动作。

（3）对各种工具进行合并，使其成为万能工具。

（4）将可以同时进行的作业进行合并。

3. 重排：重新排列工作顺序

（1）保持两只手的工作负荷均衡，而且同时对称进行。

（2）使工作由手向眼进行。

4. 简化：指工作内容、步骤方面的简化或动作方面的简化，包括能量的节省

（1）在能够完成工作的基础上使肌肉力量使用最少，并注意节奏性和协调性。

（2）尽量让目光聚焦，减少搜索范围。

（3）减少身体移动范围，减小动作幅度。

（4）使手柄、拉杆、踏板、按钮等控制器适合人体结构和运动机能。

（5）在需要高强度肌肉力量时，借助惯性来获得能量帮助。

（6）将动作简化，尤其是在一个位置上的多个动作。

班组现场生产浪费改善案例

特变电气有限公司是天威集团输变电产业中的重点控股子公司，它承担着天威集团 200 千伏级及以下的电力、特种变压器的生产任务。2008 年生产产量 1053 万千伏安，销售收入 6.2 亿元。它的产品在全国乃至全世界都是非常有地位的，既将产品行销全国各地，又将产品出口日本、马来西亚、朝鲜等多个国家，特别是变频调速用整流变压器，市场占有率达 70% 以上。

企业的最终目的是盈利，在如今市场竞争愈演愈烈的情况下，企业要想立于不败之地并且获取更多利益，降低成本是一个重要的举措。特变电气有限公司要想保持企业在变压器行业中的领先地位，也必须要学会有效的成本管理。成本管理是一项系统、复杂的管理工作，要想降低成本，必须管理好材料采购、材料使用以及各项费用。

为此，特变电气有限公司严把材料使用关，主要材料工艺制造部制定使用定额，车间严格按定额领发料。如果出现超定额使用的现象，必须严查原因，明确责任。同时，特变电气有限公司结合企业各工序生产的不同特点，从严建立和完善了一套企业挖潜革新体系，包括材料的分类管理，对员工的节材建议实行奖励制度，制定各种辅助材料使用等额，等等。这些举措不仅调动了全体员工降低成本增加经济效益的积极性，而且还降低了生产成本，增加了企业利润。

特变电气有限公司要求车间材料员及成本员每天必到生产班组，观察并监督各种材料的使用情况。对于浪费现象，给予批评和惩罚；对于节约现象，给予表扬和肯定。

同时，公司还经常组织员工进行学习，让企业形成了"全员全面降成本，深入持续降成本"的成本文化，大大提高了员工对于成本节约实施的积极性，他们总是能够针对成本节约问题提出自己的看法。公司的材料管理并不是一成不变的，而是在实践中不断地创新。这就需要鼓励员工提出节材方面的建议，然后不断改进措施。对于发现浪费现象以及提出修旧利废、革新技术的合理化建议的员工视情况给予一定的奖励。员工节材建议的有效实施，即使员工开拓了思维，体现了自身在工作中的价值，也为公司创造了效益。

节约从身边做起，从小事做起。辅助材料看似没有多大作用，实际却占了成本很大一部分，特变电气有限公司各种节约辅助材料的措施节约了生产成本，为企业赢来更多的效益。只有将节约成本的意识贯穿于整个企业的生产，企业才会持续健康发展。

班组现场成本节约活动案例

济南西机务段济南西检修车间机电一组班组长孟令泉，是一位善于创新的班组长，他的创新思维帮助他破解了一道道检修的难题。让 ND5 型内燃机车中修柴油机齿轮拆装效率提高了 1 倍的是他发明的标记工作法。为韶山 4 型电力机车消除了因车顶漏雨引发的机车故障，同时还为每台机车节省材料成本 4000 元，也全靠他的带领⋯⋯

自 1995 年 7 月从事机车柴油机的检修工作以来，孟令泉一直虚心向大家学习，打好了扎实的基础。除此之外，他还利用休息时间刻苦钻研柴油机的相关知识，并且每次完成本岗位任务后，他总是挤出时间来到 ND5 型机车柴油机组装库房，现场了解柴油机的内部结构，详细掌握维修技术，以尽快提高自己的业务技能。

他总是积极地思考很多问题，想尽办法解决困难，实现创新。1996 年 2 月的一天，孟令泉在更换 ND5 型 240 号机车凸轮轴瓦齿轮时，突然发现拆下来的齿轮怎么也装不上了。这时他想到了如果在拆卸前做个标记，那么再安装起来就不会错位。于是他采取了一种在齿轮拆装时打标记的工作方法，即在拆装齿轮之前做好标记，组装时对照先前做好的标记，然后再转动曲轴核对确认组装状态是否正确。孟令全的这个方法使工作效率提高了 2 倍，并且在车间广泛传播开来。

孟令全的工作思路越来越开阔，一次次地用创新的方法实现了多项技术革新，比如制作了专用工具和对柴油机不吊缸就能更换供油滚轮。

某一年夏天，韶山4型电力机车因车顶漏雨发生多起机车故障。为破解这一难题，孟令泉带领班组员工展开技术攻关。他们通过对机车漏雨部位分别涂抹发泡剂和密封胶对比试验，与技术部门联合采用了铲平机车车顶表面先涂发泡剂再涂抹密封胶的办法，消除了车顶漏雨引起的机车故障。

孟令全的创新思想深刻地影响着每一位班组成员，大家都对工作产生了很大的积极性，也愿意积极思考，纷纷提出"新点子"。大家还共同切磋分析车间小报刊登的电力机车典型故障，遇到难题，总能一起商量解决的办法，整个班组的检修水平大大提高了。

一个善于创新善于思考的班组长，让全组员工创新攻关的干劲持续高涨。机电一组获得了"2011年度济南局先进班组"称号，孟令泉也连续多年获得"先进个人称号"。

第八章 成本管理误区：班组成本管理的误区及对策

第一节 成本管理以降低成本为首要目标

一味降低成本，忽略了成本质量

现代很多企业在进行成本管理的过程中，都喜欢一味强调降低成本，从来都没有考虑过企业所生产的产品竞争能力，也没有进行过成本的效益分析，更没有将成本管理与企业的战略相结合。试想一下，一直这样下去，班组有关成本的管理就会陷入误区。这样做下去的后果可想而知，企业一味地片面追求降低成本，虽然在短时间内能够形成短期效应，但对于企业的长期效应来说则是非常不利的。

要知道，企业获取生存最关键的是生产出的产品能够被市场所接受，只有被接受才能有销量。因此企业在进行成本控制时，班组长要做的是必须兼顾产品的创新，特别是保证和提高企业所生产产品的质量，绝不能一味地以片面追求降低成本为目标，从而忽视产品的品种和质量，当然更不能为了片面追求眼前的一点蝇头小利而在生产产品的时候偷工减料，抑或是用冒牌顶替、粗制滥造等歪门邪道来最大可能地降低成本。如果真的这样做了，坑害了消费者，会让企业丧失掉信誉，不被消费者认可，最终走向破产倒闭。

因此，班组长在进行成本管理的时候，一定要慎重地考虑，为企业的成本管理与企业的战略找出最佳的结合点。战略大师波特在其著作中提到：做企业，首先应该分析企业所生产产品所处的市场生命周期和市场份额，确定这些之后，才能制定出合适的战略措施，让产品的销量一路向上。这不是企业一味地降低成本就能够达到的。

班组长在为企业进行成本管理时，一定要充分考虑企业整体的发展战略，不以降低企业成本为最终目标，在此基础上完成成本管理。虽然说实行差异化的战略从短期来看，开支会比较大，但随着时间的推移，这些新型差异化产品能够快速地打开市场，扩大企业产品在市场上的占有率，从而让企业得到更高的成本效益。所以，为了企业的未来增效，班组长现在要做的是树立起成本效益思想。只有树立起成本效益思想，才能够制定出有利于企业竞争的战略。

成本基础工作不到位

班组在进行成本管理的时候，最忌讳的是进入误区：有关成本的基础工作做得不到位。成本计划、成本决策的实施都是依赖于成本管理的很多基础工作的，如果成本的基础工作就做得不到位，那么班组在定额管理、成本的原始记录、材料物资的计量以及验收管理制度方面，也会出现差错，那么企业的成本计划和成本决策就会出现没有真实可靠的基础数据，这也会导致企业做出不当或错误的决策来。

成本基础工作不到位一般都表现在：

（1）生产用料大手大脚。

（2）各项定额管理、原始记录还不健全。

（3）在原材料、物资采购等方面存在一定的质量及浪费问题。

（4）只重视生产过程成本管理，忽视供应、销售过程成本管理。如物资采购中"暗箱"操作现象严重，采购成本居高不下。

（5）计量基础工作不到位，水、电、气等"跑、冒、滴、漏"的现象很严重。

对于上面出现的问题，班组应当做到：

（1）建立健全的原始记录制度。

（2）建立健全的定额管理制度。

（3）建立健全材料物资的计量、验收和领退制度。

（4）企业制定记载不同内容的原始记录时，应根据全面反映经济活动和满足全面经济核算的要求。

成本管理与企业的战略相脱节

国内很多企业因为长期受到计划经济观念的影响，在成本管理中往往只注重生产成本的管理，而忽视了生产过程中其他方面的成本分析与研究，因而造成了成本体系的不完善，其主要表现为：

（1）局限于生产成本分析，没有开展日常分析与预测分析。

（2）局限于经济分析，未能深入开展技术经济分析。

（3）局限于事后分析，没有开展日常分析。

（4）局限于成本计划执行情况分析，没有开展成本效益分析。

在市场经济环境下，企业应当树立起成本的系统管理观念，将企业的成本管理工作视为一项系统工程，强调整体与全局，对企业成本管理的对象、内容、方法进行全方位的研究和分析：

（1）在市场经济条件下，企业管理的重心由企业内部转向外部，由重生产管理转向重经营决策管理，研究分析各种决策成本成为企业成本管理的一项至关重要的内容，如相关成本、差量成本、机会成本、边际成本、付现成本、重置成本、可避免成本、可递延成本、未来成本等。在企业成本管理中，重视和加强对这些管理决策成本范畴的研究分析，可以避免因决策失误而给企业带来巨大损失，为保证企业做出最优决策、获取最佳经济效益提供基础。

（2）随着市场经济的发展，非物质产品日趋商品化的今天，企业成本管理的内涵也随着由物质产品成本扩展到非物质产品成本，如资本成本、人力资源成本、产权成本、服务成本、环境成本等。

（3）为使企业产品在市场上具有强大竞争力，成本管理不能再局限于产品的生产和制造过程当中，而应该将视野向前延伸到产品的市场需求分析、相关技术的发展态势分析，以及产品的设计；向后延伸到顾客的使用、维修及处置。按照成本全程管理要求，涉及产品的信息来源成本、技术成本、后勤成本、生产成本、库存成本、销售成本，以及对顾客的维修成本、处置成本等。对所有这些成本内容都应以严格、细致的科学手段进行管理，以增强产品在市场中的竞争力，使企业在激烈的市场竞争中立于不败之地。

第二节　成本分析草草结束

导致"隐没成本"出现

国内有一家企业，为了企业更好地发展，曾经推出了一款新产品，不过在这款新产品的制造过程中，仅固定新产品的外壳就用了 12 枚螺钉，而同行只用了 3 枚螺钉就能达到同样的固定效果。虽然相差的这 9 枚螺钉的价值只有几角钱，即这款新产品只比同行生产的产品多几角钱成本，但这只是单个，当这家企业进行批量生产新产品后就会发现：因为多了 9 枚螺钉而增加的材料成本、采购成本、装运成本、储存成本、人工成本及资金成本已经在不知不觉中产生了。当所有的成本加在一起的时候，批量生产后增加的成本额就相当之大。由此可以看出，虽然只是在生产新产品的回收仅比同行的产品多了 9 枚螺钉，却给企业带来非常大的隐含成本，是造成企业不能正常盈利的罪魁祸首。

因此，企业在研发设计时，不能只看到有关产品表面成本的微量增加，还要权衡由此给企业带来的隐性成本，只有把握好隐性成本的增加与新产品性能二者的轻重关系，才能保证企业的成本管理不会走入误区。

并且班组不仅要在一些容易被抓住和容易看得见的成本费用上用心，还要对那些不容易抓住和不容易被看见的成本的降低上用心，这样才不会让"隐没成本"出现。

按照现代市场经济体制设计的目的为出发点，企业都是以追求利润最大化为最终目标。也就是说，企业只是一个微观组织，并不仅仅是履行某个社会职能的"单位"。因此，企业的经营者必须高度重视和关注企业成本管理中的出现的"隐没成本"，同时还要采取相应的措施对可能产生"隐没成本"的环节进行全面的大肆整治，去除一些不必要的干扰。

在此基础上，企业的经营者和管理者们还要肩负起自己的职责，除了不断扩大企业业务之外，还要加强企业内部有关成本的控制，尤其是要加强那些隐藏在背后不容易被发现的成本。因为不被重视，所以不容易被发现，也因此，在百分之八九十的企业里都不会被发现，它们存在于企业的每一个角落，以至于企业不仅不注意它，而且还会认定它们是"合理"的，默认它们存在的地位，就像某位哲学家的观点一样："存在的就是合理的。"

英特尔企业的前领导者格鲁夫曾经说过："只有偏执狂才能生存。"在企业成本控制方面，班组必须坚决地采取措施削减。

隐藏于企业的"隐没成本"是可怕的，给企业带来的影响日积月累，这绝对是致命的，它是一剂慢性毒药，如果不采取措施削减它，后果是非常可怕的。可以这么说，只要忽略了企业运营中的成本管理，尤其是忽略了对于"隐没成本"的控制，那么这个企业也就永远都无法变成一个卓越的企业了！

对决策作不出有力的支持

在很多的现代企业中，长期以来对于产品的成本控制一直都集中在生产阶段，也因此造成了80%的产品成本在设计阶段就被锁定了，这也造成了企业对于产品的成本分析草草结束。

虽然说现在很多的企业管理者们已经逐步开始认识到了有关产品成本的重要性，有的企业也加强了对产品成本的控制和规划。但是，仍然有很多的企业不能充分理解有关产品的成本的重要性，这给班组在进行成本管理时造成了很大的缺陷。主要表现在：

一、将成本管理仅局限于生产活动

在传统的计划经济体制下，很多企业把生产当作基本任务，除了生产之外的决策、供应、销售都交由国家进行统筹管理，企业只进行生产过程的成本控制，所以传统的成本管理是只注重对生产过程中各种耗费进行控制，而忽略了对生产前的研究开发成本、供应成本和生产后营销成本的控制。

但是生存在现代的企业，是不能只是一味注重对生产过程中的各种消耗进行控制的，还必须对成本管理局限于生产活动中的成本进行控制。成本的管理应该是一个对投资立项、研究开发与设计、生产、销售、售后服务进行全方位监控的过程。价值链分析法则认为：企业是为最终满足顾客需要而设计的"一系列活动"的集合体，是"一系列活动"组成的"产出"，也就是说成本绝不仅仅与生产环节相关，它是一个整体的概念。

二、对成本驱动因素的错误认识

企业传统上的做法是：对制造费用的分配按照产品的工时进行分配，但是出现了一个问题，即这其中含了一个假设，制造费用的发生与产品的产量直接相关，并且成正比例，但是企业不能总是用过去的观念来适应现在的新事物，毕竟目前经济的形势已经发生了变化，诸如生产准备、材料搬运等费用的发生与投产次数非产品的产量（工时）直接相关。因而，虽然企业中班组小批量生产、工艺复杂的产品单位直接材料成本与单位机器工时相差无几，而前者的单位制造费用要比后者大得多，这也是为什么现代产品中科技含量的增加会使得产品的制造成本与产品生产数量有关，或者说至少不只是与产品数量直接相关。因此要让班组正确看待产品成本，而不是低估高科技含量产品成本，如果因为成本计算的错误导致生产决策的错误，对企业来说是致命的。

按照库珀和卡普兰的"成功动因"理论，成本动因可归纳为五类：批次动因、数量动因、产品动因、加工过程动因、工厂动因。从这一观点出发，班组应在分析有关各种成本动因的基础上，开辟和寻找成本控制的新途径。

（1）在企业内部形成员工的民主和自主管理意识。在日常成本管理中，积极运用心理学、社会学、社会心理学、组织行为学的研究成果，努力在员工行为规范中引入一种内在约束与激励机制。按照西方心理学家马斯洛提出的人类基本需求层次理论，人类的需要由低级到高级可分为五个层次：生理需要、安全需要、社交需要、尊重需要、自我实现需要。引入内在约束与激励机制是要注重人的最高层次需求，即自我发展、自我实现的需求。这种机制强调人性的自我激励，不需要任何外在因素的约束。改变企业常用的靠惩罚、奖励实施外在约束与激励的机制，实现自主管理，既是一种代价最低的成本管理方式，也是降低成本最有效的管理方式。

（2）将成本控制意识作为企业文化的一部分。企业要消除认为成本无法再降低的错误思想，对全体员工进行培训教育，要求各级管理人员及全体员工充分认识到企业成本降低的潜力是无穷无尽的，每人都要对成本管理和控制有足够的重视。

总之，在企业成本管理的工作当中，班组应树立起基于多动因理论的成本管理观念，只有坚持建立在成本动因分析基础上的成本管理观念，才能够产生出企业成本管理的崭新思路和有效举措。

未能进行成本全过程控制

班组对于成本管理还有一个最大的误区是没有对成本进行全过程的控制。成本考核如果未能落实到位，那么首先是会让企业因为没有进行成本责任中心管理，而在成本责任方面存在着大锅饭，不会形成一套责任预算、责任核算和责任分析的管理体系，不会与企业经济责任制度密切相关。成本管理如果不能落实到具体的责任主体，考核也无从谈起，因此班组在面对这种情况时最明确的做法是：

一、建立科学、合理的成本管理系统

只有建立起科学合理的成本管理系统，才能够建立健全由经营、财会、供应、销售、生产、技术等部门负责人参加的成本管理小组；也才能让企业内部各相关部门配备出兼职人员，开展如统计、考勤、质检、保管、核算、分析等工作。也只有成本管理系统完善，才能对成本管理人员经常进行专业培训、知识更新再教育，借以提高成本管理方面的专业知识，开辟降低成本

的广阔途径。

二、完善成本管理的经济责任制

（1）明确各项成本的经济责任，将责任落实到部门或个人。

（2）制定成本管理规章制度，如各项基础管理、成本约束制度等。

（3）实行奖惩兑现。